锦上添花

——室内趣味团建助力培训升级

曾向英　主编

中国财经出版传媒集团
中国财政经济出版社

图书在版编目（CIP）数据

锦上添花 ：室内趣味团建助力培训升级 / 曾向英主编. --北京 ：中国财政经济出版社，2021.10

ISBN 978-7-5223-0718-3

Ⅰ.①锦… Ⅱ.①曾… Ⅲ.①企业-游戏-集体项目-组织管理学 Ⅳ.①F272.9

中国版本图书馆CIP数据核字（2021）第163099号

责任编辑：彭　波　　　　责任印制：史大鹏
封面设计：卜建辰　　　　责任校对：张　凡

中国财政经济出版社 出版

URL：http：//www.cfeph.cn

E-mail：cfeph @cfemg.cn

社址：北京市海淀区阜成路甲28号　邮政编码：100142

营销中心电话：010-88191522

天猫网店：中国财政经济出版社旗舰店

网址：https：//zgczjjcbs.tmall.com

北京财经印刷厂印刷　　各地新华书店经销

成品尺寸：160mm×230mm　16开　12.75印张　130 000字

2021年10月第1版　2021年10月北京第1次印刷

定价：68.00元

ISBN 978-7-5223-0718-3

（图书出现印装问题，本社负责调换，电话：010-88190548）

本社质量投诉电话：010-88190744

打击盗版举报热线：010-88191661　QQ：2242791300

编委会

前 言 PREFACE

互联网时代，培训形式越来越多元化，以往单纯讲授的课堂教学已逐渐退出历史舞台，有丰富互动体验的学习项目逐渐成为主流。为了提升培训体验，很多有经验的培训设计者或者培训师会设计巧妙的团建活动为培训“锦上添花”。在七年多的培训实践中，我们组织过上千场次的团建活动。为了能丰富团建的形式，我们也曾购买和查阅很多相关的参考书籍，但市面上关于室内团建游戏的书大多数都是简单介绍团建活动的流程，缺乏深度解析团建背后的理论框架和内涵，紧密联系课程主题的内容。

2013年“95后”进入职场，这批伴随着互联网长大的新生代员工从小在网络游戏陪伴下长大，他们喜欢的培训不仅有料，还得好玩、有趣、有意义。他们不喜欢为了游戏而游戏，更关注团建的意义及价值。作为培训的组织者，如果能够通过团建活动挖掘出背后的深意，不仅能降低应用者的难度，也能激发学员的潜能，更好体现团建的价值。况且对团建主持人来说，了解游戏背后机理和操作风险，可以更好把握游戏的内涵，发挥出更多的创造性，也能大大减少被学员挑战的风险。在七年多的实践中，我们以用户思维为导向，开发和创造出很多实用的室内团建游戏，受到学员的广泛欢迎，也吸引了企业负责人和培训师的关注。他们多次呼吁我们能为他们写一本实用性强、操作简便的室内团建活动汇编，便于他们在团队例会、工会活动或者培训课程中采用。因此，在学校领导支持下，我们团队诞生出创作一本团建活动实用集的想法。今天您看到的这本《锦上添花——室内趣味团建助力培训升级》就是我们团队奉献给您的礼物。

本书弥补室内团建游戏书籍市场的空白，突出实用性和可操作性，是教学、会议及各种需要游戏互动的工作场景应用者的一个明智选择。具体来说，它具有以下的特点和优势：

1. 本书以用户思维为导向，采用人性化的设计理念。书中不仅具有清晰的活动操作流程，还提供了关键节点的注意事项和风险提示，以及活动后的理论延伸，便于使用者快速掌握。

2. 本书提供近30个团建活动流程，适合培训、会议的不同阶段，图文并茂、直观易懂、实践操作指导性强。

3. 本书提供大量的实践案例故事，为使用者提供宝贵的经验借鉴。本书的案例均来自本团队七年多的培训实践，每个案例都能让读者感同身受。无论成功的经验，还是失败的教训均描写生动，读来身临其境，仿佛与作者一起亲历团建的历程。

4. 本书提供了丰富的理论支撑，外延性强，更具权威性。本书不仅剖析了团建活动背后的逻辑，而且引入了大量管理学、消费者心理学等多方面的理论基础，帮助读者深度理解每个团建活动的内涵和相关的扩展知识点。

如果你是培训机构工作者，这本书可以让你迅速提升培训质量，让培训“锦上添花”。书中所有的团建设计都是基于学员的需求，可以提升培训的针对性，丰富培训形式，增加培训课程的互动性，打造良好培训场域，让学员在良好的培训氛围下认真快乐学习。

如果你是职业讲师或学校教师，本书可以丰富你的教学形式，增加教学的吸引力，让学员在寓教于乐的形式下理解深奥的理论内容。

如果你是会议主持人、工会负责人或引导师，本书可以为您的会议开场破冰及会议间歇休息提供放松和润滑的小游戏，也可以增加您在会议过程中和观众的互动交流机会，让您的会议轻松、高效、好玩、有趣。

希望本书对读者的工作和学习有所帮助，为您的培训、课堂、会议、活动锦上添花，进一步推动团建技术在我们工作生活中的应用和发展。

曾向英

2021年9月10日于北京

目 录 CONTENTS

引 言

企业学习项目设计中，是否设计团建活动是培训管理者经常面临的尴尬处境，因为很多企业负责人（培训投资者）对团建持抵制态度。他们认为，设计团建游戏是浪费时间，不如让学员听干货性价比高；即使是接受团建设计的企业负责人，大多也是基于团建可以活跃学习气氛，缓解学员的听课疲惫来考虑，他们内心也并不真正认可团建对提升培训效果的价值。

那么，团建到底对提升培训效果有什么作用呢？企业学习项目中团建活动的设计究竟有没有必要？今天我们就来剖析一下团建活动设计的背后逻辑。

我们不得不承认，学习是一个艰苦的过程。假想一下，我们可能一冲动就去玩，但很少有普通人一冲动就去学习的（科学家除外）。大多数人都不是天生热爱学习的，即使在以学习为主要任务的义务教育阶段，学习对大多数学生来说还是痛苦的事情，因此，教育部设计了高考这个“指挥棒”来引导，学校也组织各种考试来加强学生对学习的重视；家长也用十八般武艺来激励孩子认真学习；但即便这样，依旧不能保证所有的学生都百分百喜欢学习，并顺利完成学业。

相比义务教育阶段的学生，成人学员面临着繁重的工作和生活的压力，可用于学习的时间就更少，学习欲望就更弱了。除非必备的岗位技能、晋级压力、公司严格要求，否则单纯为了喜欢而参加培训学习的人少而又少。同理，对企业培训投资者来说，之所以要给员工投资培训，主要是想产出业务结果，也就是期望培训本身能提升员工绩效，给组织投资回报。但对于学员（企业员工）来说，他们可不希望参加的培训是学习枯燥的知识和技能，何况很多企业要求员工培训的同时还不能影响工作。这就意味着学习对员工来说是额外增加的任务和负担。既然学习是艰苦的，所以学员期望轻松、愉快的学习体验。随着新生代员工（1985年之后出生的人）成为职场生力军，这批伴随游戏长大的互联网原住民，更期待好玩有意思的培训，这就要求培训回归社交属性，寓教于乐，不仅有料、有干货，还得好玩、有趣，最好具备像游戏一样的吸引力。

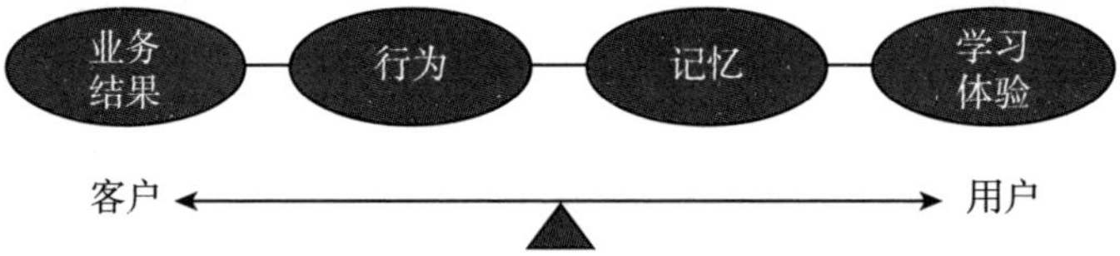

企业学习价值链

按照企业学习价值链，以及《学习发展项目的6Ds法则》这本书中所述，客户（培训投资者）期望的是业务结果，而用户（培训参与者）期望的是良好的学习体验，这两者的需求并不一致，就像跷跷板的两端。培训管理者（跷跷板的支点）就是在这两者之间寻求一种平衡，力争让客户和用户都满意。这就是教学团建设计背后的逻辑。只有设计了良好的学员体验，学员才能将知识转化为业务结果，培训才能最终让投资者满意。跷跷板的两端才是平衡的。

因此，学习项目需要通过培训运营设计培训体验，这也是团建活动设计的价值所在，没有学习体验设计的培训很难达到投资者期望的学习效果。但这并不是意味着只要是团建游戏就是有助于提升学习效果的，只有满足学习者需求的团建设计才能给学员带来良好的学习体验。而且这种学习体验的设计必须是基于学习价值链的逻辑推演，在进行学习项目设计的时候，培训管理者必须要厘清以下问题：

培训投资者想要的业务结果是什么？

要达到这样的业务结果学习者需要什么样的行为改变？

这样的行为改变需要学习什么样的知识和技能？

培训管理者需要设计什么样的团建活动去提升学习者的体验？

也就是说，培训管理者要根据客户需求的业务结果去倒推学习者需要的学习体验设计，达到让学员满意的目标，而不是单纯为了活跃气氛而设计团建活动。例如，培训部在集团汽车贸易板块面向市场及销售总监的培训中，基于企业前期调研中提出的亟须提升市场和销售总监的客户意识，在课前设计了“吸管造车”的室内团建，要求每个小组在15分钟内，分工合作，用简单的吸管和扑克牌造出小汽车模型，在高时间压力的活动中还设计了“隐性客户”，通过巧妙设局，检测学员的客户意识。通过这样的活动，不仅培养了学员的团队合作意识，而且也让学员对“客户意识”印象深刻，植入潜意识，形成良好的行为习惯，提升组织绩效。

因此，唯有基于企业价值链的成果去倒推设计，学习项目的设计才能兼具实用性，既满足客户（培训投资者）的需求，又兼具仪式感，满足用户（学习者）的体验需求，学习成果才能有效转化，最终达到提升培训效果的目标，这样团建活动就能彰显价值！受到客户、用户欢迎，培训投资者才会持续买单！

曾向英

2021年3月于北京

第1章

快速破冰，让培训更有温度

游戏 1：超级变变变——家电总动员

【活动介绍】

引导学员合作完成特定的角色扮演任务，有助于培养参与者的协作意识，锻炼反应能力，同时该活动兼具参与性与娱乐性，能够很好地起到活跃现场气氛的作用。

【适用场景】

本活动适用于培训开营的破冰环节，培训师的课前开场环节，课间休息的放松环节。

【目标对象】

适用于中青年学员。

【所需材料】

数字卡、胶带。

【场地要求】

可供学员围站成一圈的开阔场地。

【所需时间】

10分钟。

【实施步骤】

1. 事先准备与学员人数相等的数字卡。例如，有30位学员，则准备30张数字卡，数字卡号从1至30。

2. 发给每位学员一张数字卡，并将卡片贴在胸前。

3. 引导学员打乱数字顺序围站成一圈，两人之间保持约半臂的距离，无需拉手。

4. 主持人带领学员演练“洗衣机”“烤面包机”“电水壶”这三种家用电器的规定动作，并强调每次角色扮演都需要三人配合完成。

5. 活动开始后，主持人每轮随机报一个数字和一种电器名称，持有该数字卡的学员需要迅速与他左右两边的伙伴组成三人小组，做出这种电器的规定动作（例如，主持人说“6号+电水壶”，则6号学员和他左右两边的伙伴一起扮演电水壶）。

6. 若五秒内做出行动并且动作规范视为过关，可继续下一轮游戏；若超时或动作不规范，三人暂时离开队伍等待游戏后接受挑战任务（挑战任务形式不限）。

洗衣机

电茶壶

面包机

【注意事项】

1. 准备几张备用的数字卡以免现场临时增加学员。

2. 引导学员站位时建议打乱数字顺序，以增加活动难度（例如，“1”号旁边不能是“2”号）。

3. 主持人在为学员演示动作时务必准确到位，避免活动中出现争议。

4. 建议让暂时被淘汰的学员站在圈内当评委，为剩余扮演者加油点赞，让他们全程参与活动。

5. 家用电器的种类和动作等均可自由调整。例如，当参与人数较多时，可多设置几种电器；当学员平均年龄偏低时，可适当增加动作难度等。

【提问】（供主持人参考）

1. 这个活动对您有哪些启发？

2. 您在活动开始前是否意识到要记住左右伙伴的数字？您认为这对于顺利完成任务有什么作用？

3. 当与伙伴配合顺利完成任务时，您有什么样的体验和感悟？

【活动考察的关键知识点】

本活动重点考察学员是否具有团队协作意识。首先，在活动前记住左右伙伴的数字至关重要，只有这样才能在第一时间做出反应；其次，每个人都需要熟记动作，并根据自己每轮所处不同位置做出相应动作，而且要把自己独有的动作做标准，只有三人互为支持、通力协作才能在规定时间内完成任务。

【活动扩展】

像这个小游戏一样，我们每个人每天都可能要做一些重复性的工作，为什么从同一岗位起步，有些人很快就从职场小白成长为职场高手？有些人直到退休还在同样的岗位？当然有很多原因，有些是不可控的，有些是可控的，但我们能够可控的是不断反思、不断成长。简单低水平的重复是不会成为大师的，只有每日复盘、不断反思、迭代创新，我们才可能成为高手。

【游戏故事】

巧用小道具　增加游戏正向体验

“家电总动员”作为一个角色扮演类游戏，凭借其超强的代入感，伙伴间的分工协作，既能舒展身体又可锻炼记忆力等特点斩获了不少中青年学员粉丝，同时也备受培训组织者青睐。然而对于道具栏中“数字卡”的设计却常令不少组织者心存疑惑，那么为什么要设计这个小道具呢？

记得首次应用这个游戏是在一次中青年培训班的破冰环节。组织学员围站成一圈后，我和小伙伴一起配合为大家讲解规则、演示动作，这时候学员们已经表现出跃跃欲试的小兴奋。在引导大家稍作练习后，游戏正式开始。我假装毫无目的地在圈内“散步”，突然一转身指向一位学员并给出“茶壶”的指令。这猝不及防的“被点名”一下让以他为中心的三个人慌了神，三个人赶紧凑在一起，边说边比划，“我是壶嘴儿，你是壶把儿”“不对，壶嘴儿的腰应该再弯一点”“中间的壶身子别忘了把双手在头顶上比个圈当壶盖”……他们搞笑的动作和幽默的话语引得在场学员频频发笑，现场气氛瞬间升温。

接下来，由这位过关者随机选择下一轮的闯关者。他指向了斜对面约45度方向的一位学员。但由于这次培训有四十余人，围成的圈比较大，仅凭手的指向很难精准定位到人，结果被指方向相邻的三位学员都以为选中的是自己，瞬间那片区域的人都行动起来。“不对，你应该跟我一组，我是中心”“指的是我，应该以我为中心组队”……活动场面一度有些混乱。我赶忙询问发出口令的学员，与他确认对象后引导大家继续游戏。没想到这突如其来的小插曲反而让整个场子再次热起来。但是在接下来的几轮中，这种状况频频出现，每次都要先确认再行动，有些学员就出现了烦躁情绪。

虽然活动整体还算顺利，没有出现“大失误”，但却给我和小伙伴留下了些许“小遗憾”。如何才能既简单又快速地精准定位到人成为困扰我们的心病。为此，我们想了不少方法，如让学员把名字贴在胸前或是每轮都由主持人指定人选等，但这些方法不是太麻烦就是会降低游戏的趣味性，唯独使用“数字卡”这个方法大家一致觉得可行，并而这个方法在后来的多次实践中也被证实效果非常不错，这个看似可有可无的小道具确实解决了指认不清的问题，提升了活动效率，发挥了大作用！

游戏 2：大树与松鼠

【活动介绍】

“大树与松鼠”通过要求学员扮演不同的角色，赋予不同角色所对应的行为反应，激发队员反应力和团队意识，能有效提高大家的士气，快速破冰。

【适用场景】

适用于培训开营的破冰环节，培训师的课前开场环节，企业的晨会互动环节。

【目标对象】

不限。

【所需材料】

无。

【所需时间】

共10~15分钟，视现场需要而定（分组和讲解规则3分钟，开展活动7分钟，主持人用5分钟提问和总结）。

【场地要求】

室内室外的开阔区域，室外围成一圈站立。三人一组，可以若干组，并且需要3 ~ 5个替补队员。

【实施步骤】

1. 事先学员喊“一二三”报数，三人一组，喊“二”者扮演松鼠，其他学员扮演大树，两棵大树面对对方，双手互拉组成一个圆圈，扮松鼠者站在圆圈中间，裁判或其他没成对的学员担任替补队员。

2. 所有人需要根据主持人的口令进行重新组合。

例如，主持人喊“猎人来了”时，大树不动，扮演松鼠的学员就必须离开原来的大树，重新选择其他的大树，裁判或预备人员需要临时扮演松鼠并插到大树当中，落单的人就要被淘汰，换新人上；

主持人喊“着火了”时，松鼠不动，扮演大树的人就必须离开原先的同伴重新组合成一对大树，并圈住松鼠，培训师或临时人员就应临时扮演大树，落单的人淘汰；

主持人喊“地震”时，扮演大树和松鼠的人全部打散并重新组合，扮演大树的人也可扮演松鼠，松鼠也可扮演大树，裁判或预备队员也可插入队伍当中，落单的人被淘汰。

3. 几轮过后，留在场中时间最长的一组大树和松鼠的队伍获胜。

【提问】（供主持人参考）

1. 您认为自己获胜的关键点是什么？

2. 为什么您最早落单了呢？您分享一下这个游戏的感受。

3. 请大家谈一谈怎样最容易不落单？是不是认准最近的空档或者组合就好？

【注意事项】

1. 如果没有替补队员可以上场，则被淘汰的人表演一个节目，然后游戏继续；如果有替补队员，则替补队员需要站在离参赛队员3米外，随时准备插入。

2. 主持人在活动中，可强调“团队精神”，引导每个成员深刻体验到团队的归属感和重要性。

3. 应控制现场安全，避免混乱。

【活动扩展】

1. “大树与松鼠”游戏是一个重视团体意识的游戏，学员通过扮演不同的角色，赋予不同角色所对应的行为反应。可以延展到工作中，团队的每一个角色都有价值，互不可分，而我们也应该随时做好角色转变的准备。

2. 通过外在环境的不断变化，致使“大树”和“松鼠”都面临着脱离“群体”的危机，所以他们都要想尽一切办法，归属团体。学员“归属”的需要得到放大体现，促进团队之间的合作。

3. 身边的资源最好组合，当身边的资源被占后，应该考虑如何选择后备组合，目标越简单、越直接、越清晰越好。

游戏 3：靠近你　温暖我

【活动介绍】

本活动采用积极正向的问题激发学员的学习热情，通过营造轻松舒适的学习氛围，增强彼此之间的信任感。

【适用场景】

本活动适用于培训开始前的破冰环节。

【目标对象】

不限。

【所需材料】

几段不同风格的音乐。

【场地要求】

可供学员分散走动的安全场地。

【所需时间】

10分钟。

【实施步骤】

1. 事先准备几段不同风格的音乐。

2. 活动以音乐切换为信号。每当音乐切换时，学员需要配合主持人口令采取相应的行动。

3. 活动开始后播放第一段音乐，学员跟随音乐节奏自由舞动身体，并在教室内任意位置走动。

4. 切换第二段音乐时学员停止走动，并与距离他最近的一位伙伴面对面站立，两人双手指尖相互碰触，互相分享三天内发生的一件最令自己开心的事情。要求每两人交流一分钟后挥手告别，若音乐还没有切换可继续找其他伙伴分享。

5. 切换第三段音乐时学员继续跟随音乐节奏自由舞动身体，并扩大活动区域。

6. 切换第四段音乐时学员停止走动，并与距离他最近的一位伙伴面对面半蹲，两人双手指尖相互碰触，双膝相互碰触，并和对方分享通过这次学习你希望有哪些收获与改变（每两人交流1分钟后挥手告别，若音乐还没更换可继续找其他伙伴分享）。

【注意事项】

1. 音乐风格应多样化，建议活动中将舒缓音乐与节奏感强的音乐交替使用。

2. 尽可能地引导学员在教室内分散走动，不要扎堆。

3. 活动过程中强调每次要与不同的伙伴交流。

4. 可根据学员特点和培训主体调整交流时的动作和分享的话题。

【提问】（供主持人参考）

刚才大家作为体验者参与其中，现在请您以旁观者的视角看待这个活动，您有怎样的感受呢？

【活动扩展】

这个游戏过程与形成团队的过程很相似。在团队组建之初，我们不知道对方的脾气秉性如何，所以抱着试试看的态度稍微接触一下，还存有很多疑惑与猜测。但是随着彼此共事、加深了解，我们会发现想要自己站稳是需要伙伴给予扶持和协助的。只有共同经历过成功与挫折、彼此有了共同的目标、建立了真正的信任，才能达到互融共促。

游戏 4：进化论

【活动介绍】

模拟达尔文的进化论，全体学员通过猜丁壳的方式逐级进化，从“鸡蛋”—“小鸡”—“凤凰”—“人类”，快速破冰，活跃气氛，消除学员间的陌生感。

【适用场景】

适用于培训开营的破冰环节，培训师的课前开场环节，课间休息的放松环节。

【目标对象】

不限。

【所需材料】

无。

【所需时间】

10分钟。

【场地要求】

开阔平坦的安全场地，室内室外均可。

【实施步骤】

1. 主持人带领学员演练处于进化论四个阶段“鸡蛋”—“小鸡”—“凤凰”—“人类”的规定动作。所有学员从“鸡蛋”阶段开始，同阶段的学员两两一组猜丁壳，赢家进化一级，输的学员退化一级（最低退化为鸡蛋），具体过程如下：

（1）活动开始，所有学员变成“鸡蛋”的规定状态，两两一组猜拳，PK一局定胜负，赢家进化成“小鸡”，开始做“小鸡”的规定动作；输的学员还是“鸡蛋”，继续找其他“鸡蛋”PK。

（2）“小鸡”迅速找其他“小鸡”两两一组猜拳，一局定胜负，赢家将进化一级成“凤凰”，开始做“凤凰”的规定动作，并找其他“凤凰”PK；输的学员将退化一级成“鸡蛋”，继续找其他“鸡蛋”PK。

（3）“凤凰”找“凤凰”猜丁壳，赢家进化成“人类”，输的学员退化一级成“小鸡”。

2. 每轮都要换一位学员猜丁壳，整个过程不能与同一个人PK两次。

3. 学员在每个阶段都要一直做该阶段的规定动作，不做或者做错规定阶段动作，跨阶段进化者，都要退化一级重新PK。

4. 大部分学员进化到“人类”时，活动结束，没有进化到“人类”的学员接受挑战，既可以表演小节目，也可以回答主持人的问题等，挑战结束后成为“人类”。

鸡蛋

小鸡

凤凰

人类

【注意事项】

1. 开始前可以让大家分散开，根据参加人数安排监督人员，监督大家做规定动作，发现犯规者要求其退化一级。

2. 设一个界线，进化成人类的学员到安全地带，不再停留在游戏人群中。

3. 活动时间的灵活性较强，主持人观察现场情况，根据时间及时叫停，务必留下几个人接受挑战。

【提问】（供主持人参考）

1. 最快进化成功的学员有什么技巧？当学员回答靠运气时，主持人可以分享一下自己的观察，如该学员全程很迅速地找同级PK对手，积极主动、“稳准狠”是游戏获胜的法宝。

2. 没有进化成功的学员，认识的朋友肯定最多。可以说一说自己接触了几个学员，看能不能再次认出来自己PK过的学员。也可以再念一段绕口令，或者表演节目。

【活动扩展】

1. 积极主动，注重效率，快速寻找PK对手，会提高进化机会。

2. 物竞天择，适者生存。运气对于有些活动和事情相对重要，成败输赢不必过于纠结。注重过程，淡于结果，积极心态坦然面对。

3. 契约社会规则为重，忽略规则、违背规则可能会功亏一篑，要重视规则。

4. 可以根据课程略加总结，从而引出课程。如果是在课程中间进行，可不做过多总结，活跃气氛即可。

游戏 5：神奇的数字

【活动介绍】

通过巧妙设计数字的运算规则，使组织者快速知晓每位参与者的年龄。整个过程充满未知的惊喜，能够起到快速破冰的良好效果。

【适用场景】

适用于培训前的破冰环节。

【目标对象】

不限。

【所需材料】

数字运算步骤示意图。

【场地要求】

不限。

【所需时间】

5分钟。

【实施步骤】

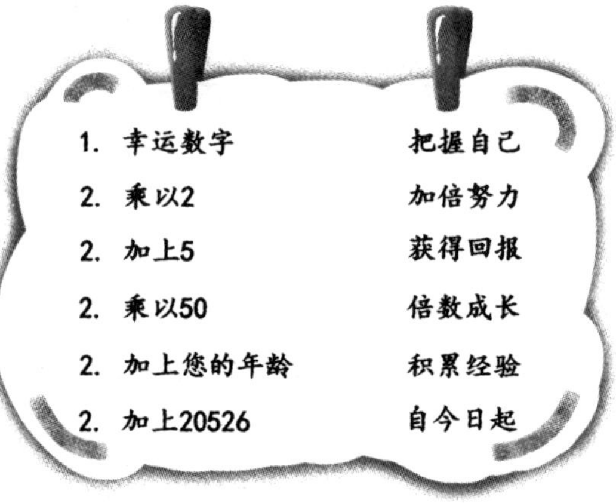

1. 主持人引导学员完成图示中的六步计算，得出结果。

2. 将计算结果化繁为简，先减去20526，再减去250，得出结果。

3. 询问全部学员的最终计算结果，告诉大家你已经知道了她们的秘密，然后分别说出最大和最小年龄是多少。

4. 公布数字隐藏的含义，第一位数字代表幸运数字，后边两位数字代表年龄。

【提问】供主持人参考

1. 您喜欢现在所处的年龄吗？

2. 如果时光可以倒流，您希望回到哪一个年龄段呢？

【注意事项】

1. 过程中应注意节奏，不可过快或过慢。

2. 应让所有参与者都得出结果后再统一进行下一步计算。

3. 人数较少的情况下建议询问每个人的计算结果，如果人数过多也可询问部分学员。

【活动扩展】

学习从当下开始，一切皆有可能，要相信美好与幸运一定属于你这个年龄的自己。

游戏 6：用掌声传递力量

【活动介绍】

用真诚的掌声传递力量，表达对他人的认可与喜爱，共同打造和谐有爱的学习场域。

【适用场景】

适用于课前破冰或在公众演讲等课程中使用。

【目标对象】

不限。

【所需材料】

无。

【场地要求】

分组。

【所需时间】

10分钟。

【实施步骤】

1. 提问：如果一个人拼尽全力，拿出最大的热情和真诚，一秒钟能鼓掌多少次？

2. 组内练习一分钟。

3. 各组选派一位代表参与PK环节，其他人作为裁判认真观察。

4. 分享鼓掌的正确方式及重要作用。

5. 请学员自行查阅鼓掌的世界吉尼斯纪录，思考他是如何做的。

【提问】供主持人参考：

1. 假如你置身在一个周围都是陌生人的环境，通过这个游戏，你收获了什么？

2. 是否鼓掌的频率越快，次数越多就能让对方感受到你的诚意呢？

3. 如果想表达对一个人的认可与喜爱，应使用怎样的鼓掌方式呢？

【注意事项】

1. 开始前可请某位学员展示某项技能，结束时请其他人为其鼓掌导入游戏。

2. 各组练习过程中，建议主持人适时公布现场最高记录以调节气氛，激发学员的好胜心。

【活动扩展】

当我们站在台前时，或多或少会感到紧张，我们最大的自信可能就来自台下的人对我们的欣赏。如果台下的小伙伴能够给予我们足够热烈的掌声，在无形中就能够缓解我们的压力，让我们更加自信。

通过鼓掌的方式可以判断一个人的态度和积极性，可以感受到他的热情。人的行为是会说话的，透过行为可以看到一个人的习惯和职业素养。习惯的背后是态度，态度的背后是一个人为人处世的原则和价值观。

游戏 7：欣赏的力量

【活动介绍】

用欣赏的眼光发现身边人的优点，不吝惜赞美的语言，拉近彼此间的距离，感受欣赏的力量。

【适用场景】

适合于在彼此熟悉的学员间应用。

【目标对象】

不限。

【所需材料】

游戏表格（见附件）。

【场地要求】

鱼骨型分组。

【所需时间】

10分钟。

【实施步骤】

1. 发放给每位学员一张游戏表格。

2. 主持人介绍活动规则：

（1）每人在教室内任意找到非本小组的五位伙伴让对方说出你的三个优势。

（2）请将这些优点记录在表格对应位置，表格全部填满视为完成任务。

（3）请最先完成的学员分享感受。

【提问】供主持人参考

1. 游戏在表达什么？

2. 您喜欢听到别人对自己的赞美吗？

3. 游戏中，您是否充分运用五觉要素来触动对方的心灵呢？

【注意事项】

1. 开始前保证所有人已明确活动规则。

2. 提示学员珍惜这次互相欣赏的机会，不要为了完成任务而错失游戏的真正魅力。

【活动扩展】

1. 每个人在情感上都渴望被赞美、欣赏和认同。

2. 在我们对他人表达欣赏时应真诚地注视对方，用欣赏的语气传递你的赞美，以心悦心的触动对方的心灵。

附件：

欣赏的力量

我是________（ 姓名）

说明：

请你走动起来，为自己寻找同伴，请对方评价你的三个优势；

作为对方的伙伴，你也需要凭借直觉以及对TA的了解，评价TA的三个优势；

需要为自己找到5个同伴。

相互评价的同时，要记住在下面的表格内作好记录。

序号	同伴姓名	同伴是这样评价我的		
		优势 1	优势 2	优势 3
示范	RITA	敬业	执着	反应敏捷
1				
2				
3				
4				
5				

从以上5位同伴给自己的15次评价中，选出你最喜欢的前3项，用“★”标记出来。并对这3项按照喜欢的程度进行排序：最喜欢、较喜欢、喜欢。

第2章

量身定制，让培训紧贴课程主题

游戏 8：你听我说

【活动介绍】

通过引导学员完成一对一的传话任务，使参与者体会人际交流中双向沟通和认真倾听的重要性，同时该活动也能起到活跃现场气氛的作用。

【适用场景】

本活动可与管理、高效沟通等课程相关知识点结合，既适用于课前预热，也可在课程中作为案例分析使用。

【目标对象】

不限。

【所需材料】

传话内容（有趣且不易轻松记忆）。

例如，弟弟生日那天，姐姐做了一个水果拼盘，她在拼盘里放了许多弟弟爱吃的葡萄、妹妹喜欢的芒果、妈妈喜欢的红苹果、我喜欢的奇异果，当然也少不了爸爸喜欢的人参果。

【所需时间】

若用于课前预热，建议时间为15~20分钟（视参与人数而定）；如果课程中使用，则讲师可根据课程需要增减时长。

【场地要求】

不限。

【实施步骤】

1. 从全体学员中选择五人参加，人数过多会影响体验效果。

2. 向学员介绍活动规则：

（1）五位选手抽签确定传话顺序后到教室外指定区域等候，教室内的其余学员作为观察员。

（2）活动开始后，只有观察员和1号选手能够获悉传话内容。

（3）传话过程中观察员需要保持安静，不得以任何方式向参与者提示传话的内容。

3. 主持人请1号选手进入教室，并要求其用一分钟的时间用大脑记忆需要传递的内容（不能借助工具）。

4. 请2号选手进入教室，由1号选手轻声地把指定内容告诉2号选手（这个环节需要确保教室外的其他选手听不清教室内的谈话），依次类推（2号传3号、3号传4号、4号传5号）。

5. 主持人请1号选手复述原版传话内容，一般情况下，大家会发现被传递的内容发生了戏剧性的变化。

【注意事项】

1. 准备五位选手的等候区域，以听不清教室里说话内容为标准，不宜过远。

2. 传话内容的难度可根据学员年龄等因素进行调整。

3. 传话时应尽量压低声音，避免被教室外的选手听见任务内容。

4. 可安排一位助教老师负责计时，确保活动按照既定节奏进行。

【提问】（供主持人参考）

1. 有什么方法可以尽量减少信息在传递过程中被层层漏掉？

2. 要想确认您传递的信息对方是否接收到了，您应该怎么做？

3. 在生活和工作中您更愿意说还是倾听？

4. 如果此活动重新做一次，您会做出哪些改变？

【活动扩展】

一个团队要共同完成一项任务，必须对活动目标理解一致，达成共识，否则就会在执行中出现偏差。在人际关系交流中，倾听比说更重要，只有听“清楚”，才能“说”明白！

【活动考察的关键知识点】

1. 本活动重点考察学员是否具有双向沟通的意识。在工作中，当上级向员工下达任务时，员工应及时复述并与上级确认信息是否有误。员工在执行任务的过程中，应及时向任务下达人进行反馈，如有偏离，及时纠正。

2. 理解认真倾听在双向沟通中的重要性。

【活动故事】

当团建中出现不和谐声音

跟随镜头回到2017年，那一年学校承办了某公司青年后备干部培训班，由我担任班主任。这期的二十二名学员中多数人与我年龄相仿不到三十岁，他们都是各部门的精英骨干，是公司重点培养的储备干部。而那一年我还是刚进入培训圈儿的“小白”，从零开始学习培训班主任的各项技能。

这期培训历时较长共五天，所以我至少需要准备六个团建活动。我把手头的“存货”翻来覆去琢磨了两三遍，适合晨会做的有两个，适合下午课前做的有三个，还不够啊。算了，想太多也没用，减轻焦虑的最好方法就是行动起来。在问“度娘”时，我突然想到在一次客户投诉培训中老师带大家做过一个小游戏效果很好，正好可以在第三天高效沟通课前使用，也算是贴合主题可以借鉴。我首先给游戏取了一个形象的名字——“你听我说”，然后根据学员特点进行了内容上的创新，难度调整为中等偏上，传递任务也结合高热度娱乐事件做了看似天马行空但又有一定规律的改编，经过反复梳理流程，自认为万无一失后我才稍感安心。

培训当天可谓嗨爆全场。五位选手在传递任务时一会儿着急得手舞足蹈，一会儿笑到不能讲话，观众学员更是全程笑得前仰后合，有的人捂着肚子都笑出了眼泪。“看来大家对我组织的活动非常认可”，我心中窃喜。游戏接近尾声，培训场域的能量达到高点，我开始活动小结。正说得兴起，突然有个声音打断了我：“你就是纸上谈兵，你说的这种沟通方式是理想主义，根本不符合我们工作实际……”，我一下呆住了，回过神一看，这不是前两天在课堂上频频向老师提出挑战性问题的那个学员嘛。气氛热烈的教室一下子静下来，大家都默默望着我，而那位学员还在自顾自说着。过了一会儿，有些学员开始窃窃私语，我似乎感觉到有少数唯恐天下不乱的学员在看热闹。就在此时，我看见当天课程的主讲老师已经进入教室，站在后面看着我，我更尴尬了，不知道说什么好，只能胡乱应付了一句：“您的问题或许可以在稍后的课程中找到答案。”然后就草草收场，结束了破冰。

正式上课后，部门领导看我心事重重便把我带到教室外，针对刚才的活动帮我做了复盘。她安慰我道：“别灰心，你才刚开始做培训，培训中出现挑战性的学员是很正常的，给学员示示弱就好了……”课间休息时，我主动找这位学员交流，开诚布公地告诉他我刚从事这份工作不久，缺乏经验，照本宣科过于理论化。不仅如此，我还虚心地请教他刚才提到的现实问题，并且作为案例认真记录下来。没想到当天下课后他竟主动与我道别，我能感觉到他对我已经从攻防状态转成开放模式，于是我把握住机会开玩笑似地说：“明天早上的活动还多多关照。”接下来的两天他不但积极参与活动，还会在结束后给我一些真诚的反馈。时至今日，如有需要征求学员意见或者需求调研时我会第一时间联系他，而他每次都会在认真思考后给予我中肯的建议。

老师和学员是平等关系，没有高低之分，区别只是角色不同、视角不同而已。学员有异议不正说明了他的全情投入吗？面对质疑和挑战，唯有谦虚示弱、积极沟通、尊重理解才是处理不和谐声音的正确方式。

游戏 9：青蛙跳水

【活动介绍】

课前活动，要求学员合作正确接龙“青蛙跳水”口令，按照规则共同实现小组获胜的目标。引导学员集中注意力，注重团队合作和目标管理。

【适用场景】

适合用于课前开场环节、课间休息环节及目标管理等课程的链接补充环节。

【目标对象】

不限。

【所需材料】

无。

【所需时间】

15分钟，尽量控制时间完成第二轮活动。

【场地要求】

室内室外均可，分组进行，室外可根据场地调整活动的细节，如增加动作配合口令、增强趣味性。

【实施步骤】

1. 主持人宣布开始第一轮游戏，规则如下：

（1）需要学员接龙的青蛙跳水游戏口令为：

一只/青蛙/跳水/扑通，两只/青蛙/跳水/扑通/扑通，三只/青蛙/跳水/扑通/扑通/扑通……（依此类推，接龙到n只青蛙时就“扑通”n声）。

（2）每组学员每次只能说两个字，如“一只”“青蛙”“跳水”“扑通”。

（3）口令为“扑通”的学员需要站立起来，如果在室外进行，则口令为“扑通”的学员需要跳一下，n声“扑通”由n组依次完成。

（4）游戏一旦开始，停顿时间不能超过10秒、不能说错口令，一组学员中如果有一位学员说错、做错或者全组学员都停顿超时，该组学员就被淘汰，其他组继续接龙。淘汰至只剩一组学员时，该组获胜。

2. 第一轮游戏决出胜利者后结束，主持人引导各组学员进入讨论环节，主要内容包括游戏复盘，制订下一轮的全组协同作战计划和目标。

3. 讨论结束后开始第二轮游戏，规则如下：

（1）升级版的游戏口令为：（视学员情况决定，可重复第一轮游戏规则）

一只青蛙/一张嘴/两只/眼睛/四条腿/扑通/跳下水，两只青蛙/两张嘴/四只眼睛/八条腿/扑通/扑通/跳下水/，三只青蛙/三张嘴/六只眼睛/十二条腿/扑通/扑通/扑通/跳下水/……（依此类推，n只青蛙/n张嘴/2n只眼睛/4n条腿/扑通……n个扑通/跳下水）。

（2）每一组按照口令的间隔节奏来进行，具体为：

第一组："一只青蛙"，

第二组："一张嘴"，

第三组："两只眼睛"，

第四组："四条腿"，

第五组："扑通"，

第六组："跳下水"，

第七组："两只青蛙"……

（3）口令为"扑通"的学员需要站立起来，如果在室外进行，则口令为"扑通"的学员需要跳一下；每组学员只喊一声"扑通"，多声"扑通"由多组共同完成。

（4）游戏一旦开始，停顿时间不能超过10秒、不能说错口令，一组学员中如果有一位学员说错、做错或者全组学员都停顿超时，该组学员就被淘汰，其他组继续接龙。淘汰至只剩一组学员时，该组获胜。

4. 第二轮游戏决出胜利者后结束，主持人再次引导各组学员进入讨论环节，内容为第二轮游戏复盘，以及在刚才的实施环节是否偏离原订计划，应该改进的方法等。

【注意事项】

1. 起始数字尽量从"一只"开始，某个学员淘汰后，可以从紧挨着的学员接上原来的数字开始。

2. 该活动持续的时间很灵活，不同学员间差异较大，第二轮活动可由主持人根据现场氛围决定如何开展，如果时间不允许，则可以再次重复第一轮的口令和规则。

3. 该活动灵活开展，由于趣味性和益智性都较强，既可作为课前活跃氛围的游戏，也可作为团队目标管理的拓展活动，由培训目的需要决定。

4. 活动整体的设计包括两轮游戏和讨论复盘环节，本身就是一个引导全体学员进行各组目标管理的过程，主持人可重点引导学员体会活动设计的意义，而非游戏输赢。

【提问】（供主持人参考）

1. 怎样安排和设计才能尽量保证本组在活动中不被淘汰？

2. 简要介绍“PDCA”原则在活动设计和实施中的运用和作用。

3. 做完以后学员能够有哪些收获：如PDCA哪个环节最重要？学员的体验是什么？

【活动扩展】

1. 无论是团队活动还是日常工作中的任务，在开始前团队都可以设立目标，进行设计和预演，分工合作。

2. 在活动中各小组充分演练目标管理“PDCA”原则。明确问题并对可能的原因及解决方案进行假设，在活动中实施行动计划、评估结果，并进行调整改进。

【游戏故事】

游戏中的“PDCA”

小游戏，大道理。游戏本身富涵哲理，但是如何设计才能于无形中激发学员思考呢？与大家分享一个小案例。

A公司物业中干班培训的第一天上午，课间，为提高学员的上课效率，我们的班主任带领学员做起了“青蛙跳水”的游戏。“一只/青蛙/跳水/扑通，两只/青蛙/跳水/扑通/扑通”……学员们紧张地喊出本组的口令。“有人站起来了，四组淘汰”“哈哈哈”学员们开心地进行着游戏。第一轮游戏结束，四组最先淘汰，二组获胜加分。

下午上课前的魔鬼时间，学员们意犹未尽地提出继续上午的游戏。一样的规则，一样的对手，已是轻车熟路。大家会坚持到第几只青蛙呢，游戏会持续多久呢，没准会有人破纪录吧！我们对这场精彩的游戏期待不已。

“四组没扑通”“哈哈哈”四组又是最先淘汰……坚持到了第七只青蛙，比上午多了一只，二组再次获胜。游戏持续的时间也与上午差异无几。

这是为什么呢？我们几个班主任对于这个结果都很惊奇，头脑风暴了一下。“学员们只是简单地做游戏，结束后各组都没有仔细分析胜利和失利的原因，没有想过怎么改进”“没有目标，不知道本组能得第几，完全靠运气”，还有学员的临场反应“玩游戏就是因为有意思，好奇，没再思考，态度也不认真”……

游戏本身有吸引力，学员却只把游戏当娱乐？这不是有悖于我们坚持开展游戏活动的初衷吗？何不将它开展得更有深度，更有意义呢？在主任的建议下，我们决定有针对性地改进学员们的忽视点，结合着本次培训课程的主题“目标管理”，将完整的目标管理流程融入游戏，让学员在游戏中掌握目标管理工具。

于是，一个月后，第二期中干班“目标管理”课程开始前，我们首次在破冰环节开展了“青蛙跳水”活动，青蛙跳水2.0版本上线了。

“本次活动共三轮，每一轮均有排名，每一轮结束后各组都进入复盘讨论的环节……”班主任介绍了活动的整体流程。每一轮的游戏规则与之前相同，各组只需要念出“n只青蛙跳水扑通n声”的口令，做出相应动作。

“哈哈哈”，在欢声笑语中，第一轮游戏很快结束，第一组最先淘汰，第三组获胜。

“再来一局！”惨遭淘汰的学员们不服气地提议着。

“好！”班主任顺水推舟，“在开始第二轮的游戏之前，我们给各组6分钟的复盘讨论时间，解决三个问题：第一个，请各组确立目标——我们组下一轮要得第几名；第二个，请总结我们组在上一轮表现中的优点缺点；第三个，请为所确立的目标制订下一步的行动方案。”班主任引导着各组学员在游戏中树立目标管理的理念和思维。

各组在问题的引导下俨然进入了备战状态，白板上位居最后的第一组学员尤其争分夺秒，迅速选出了最年轻思维最敏捷的两位学员当组长和副组长，其他学员有的拿起笔记录，有的画图缕思路，都为逆袭使出浑身解数，绞尽脑汁地思索。大家紧张地期待着这次的表现。

第二轮游戏开始，场面果然精彩激烈，各组都制定了“作战方针”，使出了十八般武艺，一组全体学员都盯着组长和副组长，完全跟随组长的步调复制动作；二组学员设计了“5秒钟思考”环节；三组组长拿着举牌卡打暗号指挥本组……游戏的节奏都放慢了一倍，准确率也高了很多。

第二轮游戏结束后，主持人再次引导学员们开始第二轮复盘研讨，评价各组刚才的活动表现，并为第三轮的升级版游戏规则做准备。相比于上一轮的刻板，大家这次完全沉浸在讨论复盘的氛围中了。

第三轮游戏一组和二组最后的PK激烈异常，大家屏息凝神，握着拳头为他们捏了一把汗。“十一只青蛙”，“扑通”二组突然不和谐的一声宣告了游戏的终结。终于，一组获胜。看着白板上第一组的名次由倒数第一到正数第一的华丽逆袭，教室里响起雷鸣般的掌声。

全体学员一起开展最后的“复盘”。第一组学员分享他们的逆袭全过程，“我们确定了最后就要拿第一雪耻的目标，第一轮制定了‘完全复制两个组长动作’的策略，检验一轮挺有效果，就在后一轮加以完善，大家都判断两秒再行动……”；最初名列榜首的第三组最后身居季军，心有不甘地分享“我们反应能力肯定比他们强，没能赢是战略问题，主要是觉得各自都更集中精力就行，研讨的大部分时间都用来各自熟悉口令了”。学员们体会最深的是制订计划和调整策略的重要性：“即使是个小游戏，我们提前计划和全凭发挥的结果都有天壤之别”。

这就水到渠成了，PPT上瞬间亮出了本次活动的主题“PDCA管理循环”，班主任以本次游戏为例，向学员们介绍了“PDCA管理工具”，大家的第一轮研讨就是Plan计划制定环节，开展每一轮游戏是Do实施的过程，第二轮的研讨是在Check评估效果，对计划的调整就是Action处理过程。

实践出真知，对比着刚才各组的表现，学员们都点点头，心服口服了。

两次同样的游戏，却显现出截然不同的效果，我们对游戏的迭代设计其实也是一个PDCA的循环，通过不断思考改进游戏，带给学员更多的反思和收获，大家对于PDCA循环也在实践中产生了更深刻的认识。以学习的心态做游戏，游戏化呈现知识，在游戏中思考新知，游戏与学习可以设计得浑然一体。

游戏 10：吸管造车

【活动介绍】

以小组为单位在规定的时间内利用吸管、扑克牌等简单材料和限定工具制作一辆汽车模型（不同班次培训也可以将主题换成“吸管造船”，活动内容流程都不变）。

【适用场景】

适合用于有效沟通、市场营销、客户关系管理等课程的课前热身或课后复习环节。

【目标对象】

市场营销、客户关系管理、销售、连锁门店销售等岗位的学员。

【所需材料】

扑克牌、胶带、彩色吸管、剪刀。

【所需时间】

总共30分钟左右（吸管造车活动要求每组在15分钟内完成，如学员在规定时间都未完成任务，可酌情增加5分钟。提问点评控制在10分钟之内。注意：只要有一组完成任务就不再加时）。

【场地要求】

室内，教室桌椅按照鱼骨图摆放，各小组围绕桌子而坐。

【实施步骤】

1. 事先安排三位神秘客户坐在教室后或教室内不显眼的地方，分别扮演三种角色，辅导他们准备角色相应购买需求。

➢ 女性 ➢ 参加工作一年的职场新人 ➢ 年收入 12 万元人民币 ➢ 住所距离单位较远 ➢ 喜欢自驾旅行 **欲购买一辆低油耗的三厢轿车，价位 10 万 ~13 万元人民币。**	➢ 男性 ➢ 公司高管 ➢ 年收入 100 万元人民币 ➢ 对车辆的安全性能要求很高 ➢ 有自己心中的理想品牌和车型 **欲购买心中的理想车型，价位约 60 万元人民币。**	➢ 女性 ➢ 两个孩子的全职妈妈 ➢ 家庭年收入 50 万元人民币 ➢ 要求车辆空间大，座椅可灵活调节并有多种组合方式 **欲购买一辆适合全家自驾游的 MPV 型汽车，价位 30 万 ~35 万元人民币。**
A 客户用户画像	B 客户用户画像	C 客户用户画像

2. 根据参与者人数分成4~8组，活动要求至少四组，每组6~8人，最多8人。

3. 活动前在每组桌子上放置一卷胶带、一副扑克牌、一包吸管和一把剪刀。

4. 主持人首先向参与者介绍活动流程，最后轻描淡写地告诉参与者，教室后面坐着本次活动的购买者，他们将购买大家的作品。

5. 要求大家以组为单位在15分钟内，用给定材料制作一辆汽车模型，主持人宣布“开始！”，助教同时启动15分钟倒计时。

6. 学员分组制作汽车模型。

7. 主持人和助教在学员制作车模过程中观察各组是否询问客户的购买需求。

8. 15分钟时间到，主持人带领学员向在规定时间完成任务的小组鼓掌祝贺！（务必保证至少有一组完成车模，如果各组都没在规定时间完成任务，则可酌情延长5分钟，并且重新计时）。

9. A：如果整个小组无人询问客户需求，主持人询问并强调：“大家想过没有，你们的车要卖给谁？你们的客户在哪里？”引导大家关注坐在后面一直默默无闻的客户，采访客户，让客户分别提出需求，鉴定学员的产品是否满足了他们的需求！

B：如果有小组询问了客户需求，有小组忽略了客户，那就分别选择两种类型组的代表分享小组感受及思考（根据时间，建议每种类型选择一个代表分享）。

【注意事项】

1. 安排神秘客户时不要让学员知道，并且让神秘客户在学员造车活动过程中保持沉默低调，尽量不引起学员注意。客户最好不超过3人，可根据小组数量适当增减客户数量。

2. 在向参与者介绍客户时，只是说：这几个人有购车打算，不强调他们的购买需求。

3. 介绍客户身份时可以轻描淡写，不做强调，在实施过程中观察参与者是否具有客户意识，以用户需求为中心。当没有人或极少人询问客户需求时，点评环节就能给予参与者更多触动和思考。如果所有组都询问了客户需求，那就侧重考察哪组更准确地理解客户需求，让学员研讨分享，一样可以激发大家思考。

4. 制作时间控制在15~20分钟，要让参与者产生压力和紧迫感，在高压状态下才能更好考察他们的潜意识中是否存在客户意识。

【提问】（供主持人参考）

1. 制造汽车前组内是否制定了目标计划？

2. 制作前是否进行了需求调研？

3. 成功与否由谁来评判？

4. 实施过程中你考虑的是什么？

5. 利益相关方是否参与设计过程和制造过程?

6. 您以为的客户需求就是真正的客户需求吗?

7. 您是否能用比竞争对手更短的时间产出成品?

8. 如果再次重新开始任务，您会做出哪些改变?

【活动扩展】

虽然我们经常说要具备用户思维，有客户意识，但是真正实践的过程中，人们会不知不觉地就忽略探询客户需求这个重要的环节。很多人会想当然地认为自己了解客户并盲目宣传产品卖点；还有些人连目标客户是谁都搞不清楚就去推销产品，失败都找不到原因。吸管造车这项看似简单的团建活动，不仅考察了学员团队合作意识，客户思维、用户洞察，也直击学员内心是否真正以用户为中心，通过深刻体验加强学员的客户意识，在工作中培养用户思维，学会换位思考。

【活动考察的关键知识点】

1. 活动重点考察：学员潜意识中是否具有客户意识，平时是否在行动前养成了了解客户需求的习惯。如果学员平时没有客户意识，他们就想不到去调研潜在客户，就有可能导致想当然地认为自己是了解客户需求的，但实际去推销产品或者服务的时候客户不买账。

2. 通过活动体验，研讨、点评，强化学员“以客户为中心”

的理念，养成良好的用户思维习惯。

3. 如果非销售、市场营销岗位的学员，可以强调日常交流时要学会倾听，双向沟通中，倾听比单纯倾诉更重要，学会换位思考，只有知道了对方怎么想，才能了解对方需求，有针对性地去交流，达到良好沟通效果。

4. 对主持人的挑战：学员有可能会反驳，“我是了解客户需求的，不用问客户”。主持人可以问：“你了解的客户需求就是客户的真正需求吗？”然后引导学员辩论，或者自己举真实案例来证明：人们经常想当然认为的表面客户需求未必是客户内心的真正需求！当然，主持人需要提前准备案例应对。

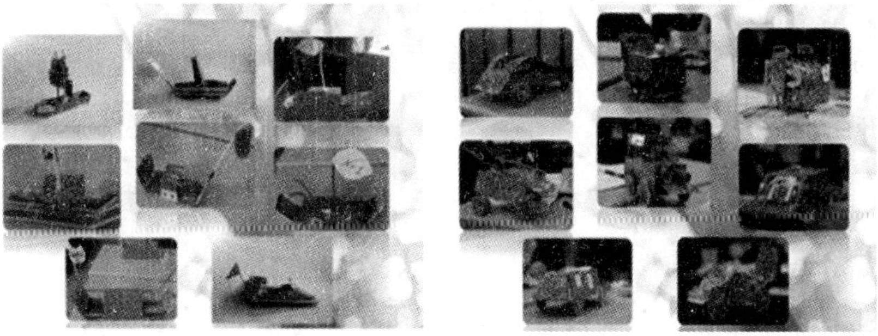

【游戏故事】

您真的有客户意识吗？

团建活动种类繁多，功能上各有侧重，而“吸管造车”是一款集趣味性与教学性于一体的人气产品。接下来我将以讲解员的身份邀请您与我一同穿越回活动现场，近距离感受它的独特魅力。

这里是A公司博瑞公司关键岗位特训营的培训现场，本次的学员是来自博瑞集团三十九家汽车4S店的六十余位销售总监、服务总监和市场总监。为提升活动效果，当天我和曾主任合作搭档，我作为气氛担当带领学员完成车辆制作环节，而主任负责在活动小结中画上点睛之笔。说到这儿，大家可能会问活动方案中提到的潜在客户呢？请跟随我来到教室的左前方，这三位潜在客户都是学员的上级领导，稍后他们将直接观察到学员在客户意识方面的真实表现，并且亲身体验活动设计的巧妙之处。

快看，活动开始啦！

“各位学员早上好！大家能猜到桌子上的吸管是做什么用的吗？”我的问题一键启动了教室里的声音开关，大家开着玩笑讨论着它的用途。

我来揭晓答案：“稍后大家要以组为单位用吸管、扑克牌和胶带制作一辆汽车模型。”

听到任务后学员们更兴奋了，“做辆跑车？”“车身加上咱们的品牌LOGO怎么样？”

看到大家迫不及待的样子，我心中窃喜，现在正是“挖坑儿”的好时机。我特意用轻描淡写的语气介绍了三位客户的虚拟身份，只说他们有购车打算，不提及他们具体的购买需求。

紧接着我特别强调：“大家要抓紧时间啊，只有十五分钟，超时可不能加分。”这句话好似指令枪，枪声响起时所有人拔腿就跑。“快别瞎聊了，抓紧时间分分工，不然做不完了”“就给一把剪刀不够用啊，没事儿，剪刀不够牙来凑，可好久没用牙咬过胶带了”。就这样，大家做着、说着、笑着，现场一派欢乐景象。

活动开始约两分钟，“快看，他们干嘛去了？”原来是三组看见六组的一个人悄悄去找客户，觉得必有隐情，于是派了一位“侦察员”暗中跟随。而其他小组丝毫没有觉察，仍然全身心地投入热火朝天的制作中。太好了！要的就是这个效果，我瞬间充满信心。“老师，我们完成了！”“老师，他们那个不行，您看我们这个奔驰跑车，车门还能向上打开，是不是特别酷？”每个组都视自己的作品如珍宝，争抢着让摄影师为他们和其作品合影留念。甚至有的小组照完相继续利用剩余时间贴贴剪剪精益求精，力求让作品完美无缺。

就这样活动的前半部分顺利告一段落，接下来让我们看看曾主任是如何在点评环节“步步为营”，引发学员深刻反思的吧。

趁着学员热情未减，曾主任自然过渡抛出第一个问题：“大家觉得自己的作品怎么样？”

“低调奢华有内涵”“功能齐全，还有 Wi-Fi 呢”。大家你一言我一语地开着玩笑，脸上透露着自信的神情。

曾主任（顺势提出第二个问题）：“咱们做出来的车是要卖给谁呢？”

学员们条件反射地回答："客户呗！"

曾主任："是吗？那客户在哪里？"

教室里瞬间安静，大家跟随曾主任眼神所望……突然意识到教室里还有三位客户呢，所有人齐刷刷地看向他们。

曾主任："您觉得客户会购买你们组的车吗？"

"会啊，这么酷的车谁不想要！"学员话虽如此，但相比之前，明显感觉有些底气不足。

曾主任："真的会买吗？您有调研过客户的需求吗？"

这时候三组和六组高举着手："老师，我们调研了。"看着他们的得意劲儿，其他组不乐意了。"我们不用调研也知道客户想要什么样的车""就是，天天跟客户打交道还用问"……教室里又再次喧哗起来。

曾主任："很好，那就让客户现场检验来说话吧。"

三位客户依次看了各组的作品。被询问过需求的那位客户说："很理解手工制作的难度大，不过三组和六组的车基本符合我的要求。"而另外两位则表示大家虽然做得很用心但并未满足他们的需求。听了客户的反馈，学员们颇受打击。

曾主任："您以为的客户需求就是真正的客户需求吗？"

紧接着曾主任给大家播放了一分钟左右的《黑客帝国》电影节选。尼奥团队在执行任务中与对手发生枪战，尼奥不幸被击中。曾主任问："尼奥为什么被击中？"很多学员不假思索地喊："射击水平不行，瞄不准敌人。”随着视频逐渐揭开谜底，表面上看是尼奥射击不够精准导致被击中，其实是他躲子弹的速度没有对手快。这时：那些大声喊射击不准的学员大呼上当，似乎意识到了什么……

曾主任适时引导：“我们原以为是尼奥射击不如对手，其实是他躲子弹的速度没有对手快，所以，有时候，您以为的客户需求未必是真正的客户需求。”

曾主任：“即使您了解客户需求，但在竞争激烈的市场环境下，您是否能用比竞争对手更短的时间识别并满足客户需求呢？”

教室里鸦雀无声，大家低头不语，若有所思。

曾主任（见状停顿了几秒给出最后一击）：“大家扪心自问，在工作中我们真的有客户意识吗？客户意识是否已经成为你潜意识的一部分，成为习惯……”

就这样，时间仿佛静止了，三分钟后活动结束了。

好的活动点评需要留白，通过提出一系列的好问题便能引发学员的深度思考。培训后大家把自己的感受、反思和下一步的改进计划写在培训日志上，互相交流、互相勉励。培训结束一个月后，我们收到了企业领导的良好反馈。他谈到这项活动确实在一定程度上改善了员工客户意识薄弱的问题，希望在今后的培训中能多开发这种高匹配度的团建活动。

听了我的讲解，各位读者是否对“吸管造车”活动有了更进一步的了解呢？该活动是基于我们在训前调研中了解到的学员客户意识不强的真实业务问题，专为销售、市场营销、客户关系管理等有关岗位学员量身定制的，这个活动不仅彰显了培训中心的团建特色，同时也充分体现出培训中心以客户为导向的服务意识，您喜欢这个活动吗？

游戏 11：边说边做

【活动介绍】

通过“听指令，做动作”的活动，让学员通过刻意练习，找到事物规律，锻炼自身的逆向思维能力。

【适用场景】

本活动适合用于团队建设、有效沟通等课程的课前热身，促进学员之间相互沟通，相互了解，以营造良好的团队氛围。

【目标对象】

不限。

【所需材料】

无。

【所需时间】

10分钟。

【场地要求】

供所有学员间隔一臂站立。

【实施步骤】

1. 此活动可以分组比赛，所有学员都面朝同一方向站立。

2. 为了方便学员理解，助教老师可以与主持人配合完成游戏规则讲解。主持人说，助教老师做（规则介绍附后）。

3. 为了让学员进一步熟悉活动规则，主持人还可以随机发出口令，带领学员试做两次。

4. 游戏正式开始，主持人开始读题目（主持人按照以下4个游戏规则，按顺序或随机读出一个口令）。

5. 游戏结束，主持人查看各小组人数，哪组的人数最多，确定为胜出组。

【注意事项】

1. 主持人发口令的语调、语速等可以不断变换，增加游戏的乐趣。

2. 主持人可以在活动开始时，按照下列“游戏规则 1~4”的题目顺序发出口令，然后逐渐过渡到随机发出口令，增加游戏难度。

【提问】（供主持人参考）

1. 这个活动对你有哪些启示？

2. 胜出组有什么技巧？

3. 从这个游戏中，还获得哪些启发型的思考？

【活动考察的关键知识点】

1. 刻意练习。人和大脑有极强的适应性。通过训练，可以让身体素质得到提高。大脑经过练习也能够发展出过去不具备的潜能。

2. 逆向思维。人们习惯于沿着事物发展的正方向去思考问题并寻求解决办法。其实，对于某些问题，尤其是一些特殊问题，从结论往回推，倒过来思考，从求解回到已知条件，反过去想或许会使问题简单化。

附：游戏规则

规则 1：说相同做相同

主持人发出一个号令，例如，向前跳。

学员一起说：向前跳

学员一起做：向前跳

规则2：说相同做相反

主持人发出一个号令，例如，举左手。

学员一起说：举左手

学员一起做：举右手

规则3：说相反做相反

主持人发出一个号令，例如，向前看。

学员一起说：向后看

学员一起做：向后看

规则4：说相反做相同

主持人发出一个号令，例如，蹲下。

学员一起说：起立

学员一起做：蹲下

游戏 12：人生价值大拍卖

【活动介绍】

本活动较适合年轻的新员工培训班，通过本活动，可以引导学员厘清自己的价值观和人生目标。

【适用场景】

本活动适合新员工培训，也可以作为青年员工的党建拓展活动。

【目标对象】

35 岁以下的员工。

【所需材料】

引导 PPT、打印的纸币、拍卖物件图。

【场地要求】

可在座位上完成，最好是排排坐，如果已经分组并组织过团建活动，那么最好将组员打散分开，本活动应避免“团队合作”。

【所需时间】

40分钟左右。

【实施步骤】

1. 主持人说引导词。

“各位朋友，我们的一生是由无数次的选择所构成的。不同的选择，会将我们导向不同的路径与方向，最终收获不同的成果。我们的一生，时间和精力都是有限的，这一生，你最想得到的有哪些呢？”

“今天，我们将进行一场特殊的拍卖会，拍卖的将是我们一生中所需要的重要项目，这些选项其实是构成我们人生的选项。选择什么，放弃什么，这是可以掌握在各位手中的事情。请各位朋友设想：假如一万元代表人这一生中有限的时间和精力，你会花多少钱来买哪些项目？”

2. 先给学员每人发打印的纸币10000元（提前装入信封），其中，5000元一张，2000元一张，1000元两张，500元两张。

3. 打开 PPT，显示如下屏幕：

4. 主持人继续：“以上项目已经标明了起拍价。一会儿我们开始竞拍，竞拍时，大家可以以 500 元为最小单位，往上加价。让我们先来拍卖第一项——爱情。”主持人举起手中的拍卖项目纸张，如下：

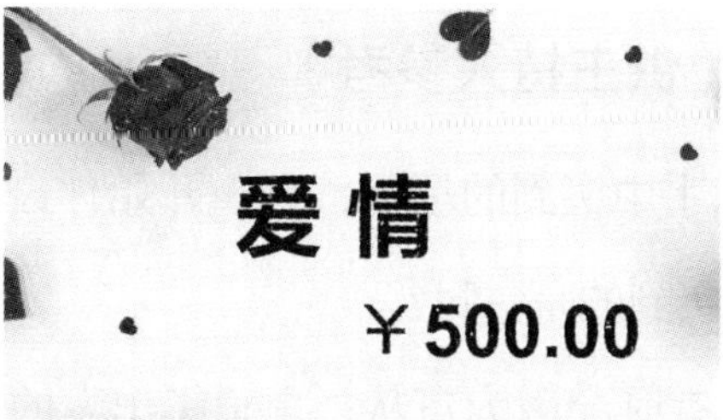

5. 接下来，主持人全程不断调动大家参与，鼓励竞价，如喊竞拍价：“2000 元第一次，2000 元第二次！”这时有人报 3000 元，就喊：“3000 元第一次，3000 元第二次，还有没有更想要的？——3000 元第三次，成交！”

6. 拍卖成功，主持把手中打印的项目给学员，并由助教老师从学员处收取相应金额的“钱币”。

7. 依次拍卖各项人生选择，直至结束。

【注意事项】

1. 确保拍卖项目的平均价格在7000~8000元，如果不在此范围，则可减少学员手中的钞票，或者调整拍卖项目的数量；

2. 主持人应在介绍完活动引导词之后，把“钱币”发给学员。如果提前发钱币，则学员会很兴奋很好奇，不容易聚焦注意力听主持人说引导词和规则；

3. 要引导拍卖气氛，形成“竞价”的热烈场面；

4. 不要让学员“合作互助”，这个活动应禁止相互借钱或者帮助，这样才能实现活动目标。

【提问】（供主持人参考）

1. 请看看您手中买到的项目，是一开始你最想要的吗？如果不是，为什么你买到的是它呢？

点评：我们有时会因为盲从，忘记了出发的初心，错过了自己想要的，却为了“赢”而竞争自己并不那么想要的。

2. 你最想得到选项是什么？它对你的重要意义是什么？

让学员自由发言，适当回应就可以。

3. 有没有比这些选项更值得追寻的其他事项呢？

点评：关联初心，关联学员的个人目标和企业的价值观。

——个人的目标有与企业不一致时，要考虑如何在实现组织目标的同时实现自身的价值，企业为大家提供了实现个人目标的平台，不论是工作的机会，还是资源的支持，均能帮助我们去实现更理想的人生。因此，与企业同频共振，是实现人生价值的捷径。

【活动考察的关键知识点】

本活动帮助学员梳理价值观和人生目标，帮学员看清楚内心，厘清自我价值，从而思考如何度过更有价值的人生，如何在与企业的同频共振中实现人生价值。

本项目用于党建活动，则可以引导学员理解“牢记初心，不忘使命”，面对艰难困苦，面对诱惑挑战，如何坚定理想信念，更好实现组织目标，实现自身的理想与价值。

【活动扩展】

主持人可以进一步扩展：

在实现理想和人生目标的过程中，不争取不舍得付出，就不可能得到。该投入时应投入、该付出时应付出、该努力争取时要全力争取，唯有如此，才能实现自己的日标和理想。

另外，面对激烈的竞争和外部诱惑，人们有可能迷失初心。在活动过程中，热烈竞拍气氛使得大家你争我抢，可能忘记了自己最初的目标；当错过了心仪的项目后，为了不至于空手而归，又去争抢自己最初并不那么想要的东西。联系工作和个人生活，人们不应盲目从众、跟风，应当坚持独立思考并倾听自己内心的声音。

在党建活动的点评中，要引导学员思考“不忘初心，牢记使命”：

参加中共一大的代表共有十三位，他们历经血与火的洗礼，最终走上了不同的道路：有的因为革命斗争艰险中途放弃；有的成为叛徒汉奸而被世人唾弃；当然还有一直坚定共产主义理想信念而迎来最终胜利的。在追求理想的道路上，危机、挑战、诱惑……无一不在考验我们的初心。

“守初心”，对青年人来说，首先，要树立远大的理想，坚定理想信念，认清自己的使命和担当，为实现中华民族伟大复兴，为推动人类命运共同体而努力奋斗；其次，要坚定对马克思主义的信仰，深刻认识新中国来之不易，中国建设的成就来之不易，凝聚走好新长征路的共识；最后，要练就过硬的本领，勤于学习，敏于求知，敢于创新，砥砺奋斗。只有坚定理想和信念、坚持奋斗，才能拥有无悔的青春和华章人生。

游戏 13：一物降一物　卤水点豆腐

【活动介绍】

通过角色扮演，使参与者体会不同环境下角色转变的重要性。

【适用场景】

适用于课前破冰。

【目标对象】

不限。

【所需材料】

无。

【场地要求】

可供各小组面对面站立的开阔区域。

【所需时间】

5~10分钟。

【实施步骤】

方案一：分组式培训中选举组长。

1. 主持人介绍规则。

（1）游戏包含三种角色，美女、英雄、野兽。每种角色有其规定动作。

（2）三种角色间的关系为：美女对野兽，野兽赢；野兽对英雄，英雄赢；英雄对美女，美女赢。

（3）组内两两进行PK，赢者和赢者继续PK，输者和输者继续PK，直到产生一位获胜者当选本组组长。

2. 全体起立，游戏开始。

方案二：分组式培训中组与组之间PK

1. 主持人介绍规则。

（1）游戏包含三种角色，美女、英雄、野兽。每种角色有其规定动作。

（2）三种角色间的关系为：美女对野兽，野兽赢；野兽对英雄，英雄赢；英雄对美女，美女赢。

（3）两组间进行PK，三局两胜，获胜组与获胜组继续PK，产生冠军组。

（4）角色关系为主要评判标准，整齐程度为辅助评判标准。

（5）三轮一气呵成，每轮之间不再安排讨论环节。

2. 全体起立，两组之间面对面站立，进入备战状态，各组30秒的时间进行讨论。

3. 主持人发出口令“一物降一物”，听到“物”字后，各组迅速动作。

4. 角色关系正确且动作整齐的一方获胜。

【提问】供主持人参考：

1. 如何在短时间内达成共识？

2. 如果再做一次，会有哪些改变呢？

【注意事项】

1. 主持人示范角色动作时应标准。

2. 避免游戏过程中出现争议，可在游戏开始前说明裁判权归属。

3. 可先实验一轮，待所有人都明确规则后再正式开始。

4. 对于年龄偏大的学员建议在每轮开始前都安排10秒的讨论环节，适当降低难度。

【活动扩展】

俗话说：独木不成林。要促进事业的发展，必须依靠各种各样的人才，这就需要对不同的人才进行组合搭配。组配不当，长短相克，往往事倍功半；组配得当，就能取长补短，事业发展就会取得事半功倍的成效。

游戏 14：职业生涯梦想图

【活动介绍】

告别传统说教，让参与者通过绘画的形式把自己对于未来的美好畅想展现出来，沉浸式体验职业生涯规划的重要意义。

【适用场景】

适用于目标管理及职业生涯规划课程的课前破冰环节。

【目标对象】

不限。

【所需材料】

彩笔、白纸。

【场地要求】

无。

【所需时间】

10分钟。

【实施步骤】

1. 发给每位参与者一张白纸，每人挑选一支自己喜欢的彩笔，在白纸的右下角写上自己的姓名和活动当天的日期。

2. 主持人引导学员闭上眼睛，畅想自己十年后的工作和生活状态，想好以后慢慢睁开眼睛。

3. 计时一分钟，所有人在白纸上画出自己畅想的画面。

4. 当一分钟计时结束或百分之八十的人已经动笔时，主持人统一口令让每个人把自己的画交给左手边的伙伴。

5. 再次计时一分钟在自己拿到的画纸上继续填空内容。

6. 至少四轮后画纸再次回到自己手中时活动结束。

【提问】供主持人参考

1. 想拿到你想要的画需要哪些技巧？

2. 是否自己还没开始画，但转回来时已经被画满了？

【注意事项】

1. 当被问到是在其他人的画纸上继续画自己的畅想还是替对方创作时，主持人不用给出答案，而是让参与者根据自己的理解绘画。

2. 每轮绘画时间不宜过长，当百分之八十的人开始动笔时即可轮换。

【活动扩展】

通过这个活动，让学员们体验：你的人生，如果你不规划，就会被别人规划！因此，每个人都要尽早规划自己的人生。人生境遇不同，和规划不同有很大的关系，例如，周恩来13岁就树立了“为中华崛起而读书”的人生目标，所以才成就了他之后的伟大事业。袁隆平在接受采访时曾说过，他一直以来有两个梦想要实现，一个是“禾下”乘凉，一个是杂交水稻覆盖全球梦！这两个梦想促使他不断努力成为杂交水稻之父。进行职业生涯规划，可以让你有一个清晰的人生目标，避免少走弯路，有的放矢地一步步努力去实现人生梦想。

游戏 15：神笔马良

【活动介绍】

团队成员合力书写毛笔字作品，以此来加强团队协作能力、增强彼此沟通、提升团队士气。

【适用场景】

适用于在团队建设及沟通协作类课程中使用。

【目标对象】

不限。

【所需材料】

1米长的大毛笔，2米长的线绳，红色宣纸、白纸，墨汁，盛放墨汁的容器。

上述材料为一套，可参考组数准备。

【场地要求】

开阔场地。

【所需时间】

30分钟。

【实施步骤】

1. 将所有参与者分成若干组，每组8~10人。

2. 组织各组抽取任务字。

3. 各组领取道具，自行在白纸上进行练习，限时15分钟。

4. 主持人宣布正式开始，各组在红色宣纸上完成最终作品，限时10分钟。

5. 各组展示作品。

6. 主持人组织活动总结环节。

【规则】

将绳子系绑在毛笔根部位置（根据小组人员数确定绳子数量），小组所有成员每人手握一根绳子，小组所有成员齐心协力在纸张上写下规定文字，文字工整且用时最少者获胜。

【提问】供主持人参考：

1. 此活动的难点在哪？

2. 如何才能更好、更快地完成任务？

3. 此项活动对你今后的工作有什么启发？

【注意事项】

1. 手握绳子时只可握住绳子根部，并且除双手外身体任何一个部位不可以触碰绳子、毛笔和纸张，并且手部只能抓住绳子的末端（即远离毛笔一侧）。

2. 小组成员不得离毛笔太近，需要至少1.5米以外。

3. 为达到更好效果，可选择一些有意义的名言警句、企业文化口号等，并进行所有小组文字的集体展示。

4. 根据文字的难度，时间可适当延长以确保所有小组均可完成。

5. 由于墨水可能会浸润到地面造成污染，需要对地面做相应保护处理。

【活动扩展】

一个人写字容易，一个集体共同写字就变得非常难，因为这需要集体中的所有人齐心协力，共同完成，心往一处想、劲往一处使。一个好的团队，首先，需要有共同的目标，所有人员为了达到团队目标共同努力；其次，必须要有一个强有力的领导者，缺少了领导者的团队将会是一盘散沙；再次，需要所有成员合理分工、锲而不舍、恪尽职守，容许他人犯错，为团队目标学会共同调整；最后，要学会自我管理，在自我发展过程中要有全局观念，随时调整目标中出现的偏差，不要影响其他目标和其他部门间的协调均衡。

游戏 16：“报表树”

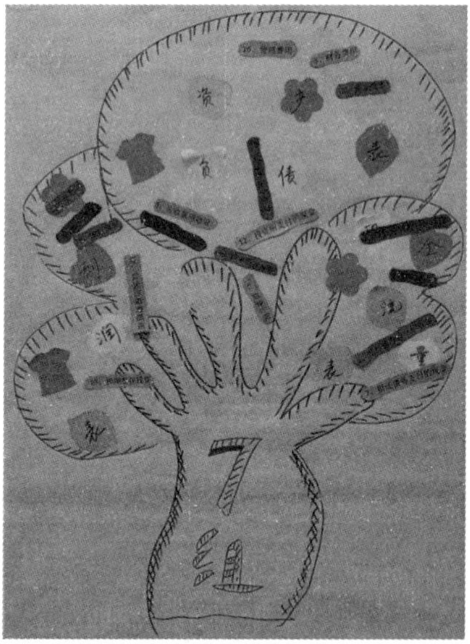

【活动介绍】

引导参与者将报表科目贴到“报表树”三大报表的相应位置，使参与者对资产负债表、利润表和现金流量表有初步认识，激发其对培训内容的好奇心，加深其对课堂知识的印象。同时以组为单位增强参与者的团队合作意识，提升团队凝聚力。

【适用场景】

本活动适用于财务管理类课程，既适用于培训课前预热，也适用于培训课后学习成果检验，烘托课堂氛围。

【目标对象】

不限。

【所需材料】

从三大报表中摘取报表科目做成的贴纸、“报表树”海报、双面胶等。

【所需时间】

若用于课程预热，建议时间为15~20分钟（视参与人数而定）；若课程中使用，则讲师可根据课程需要增减时长。

【场地要求】

室内场地。

【实施步骤】

向参与者介绍活动规则：

1. 从每组参与者中选取财务功底最强的两位学员到指定区域候场等待“神秘任务”（设立不同角色，发挥各自优长，也避免了财务水平高的学员参与影响活动的公平性）。

2. 活动伊始为每组发放“报表树”报表科目的活动材料（活动材料为选取的报表科目）。提示参与者活动材料中的报表科目均摘自三大报表并提示活动时长。

3. 提示参与者找到本组“报表树”海报的所在位置。提示参与者“报表树”海报划分为资产负债表、利润表和现金流量表的不同区域，经各组商议后将“报表树”列出的报表科目贴到“报表树”三大报表对应的区域中。

4. 活动结束后由每组之前选出的财务功底最强的两位作为裁判。各组裁判依次为其他组核算完成的正确数量，并将完成的正确数量填写在报表树海报的左下方。

5. 前三名完成的小组依次加分，再依据正确率依次为每组加分。活动结束后由助教老师核算统计每组总分。

【注意事项】

1. 需要安排一名助教老师负责计时，活动期间两次提示参与者剩余时长，确保活动按既定时间节奏进行。

2. 需要安排一名助教老师负责统计最终分数，以确保各组按既定规则核算加分及计算总分。

【提问】（供主持人参考）

1. 通过刚才简短的“报表树”活动，大家有什么感受呢？

2. 大家通过“报表树”活动，对三大报表是否有新的认识呢？

【活动拓展】

通过活动使参与者对财务知识有初步认识和了解，便于其理解和吸收课堂中的财务报表知识。此外，此活动考验团队组织领导力及团队协作能力。团队需要共同完成一项任务，必须分工协作，整体把控，达成共识，发挥团队精神方能高效达成目标。

【活动考察的关键知识点】

1. 本活动重点考察参与者在课前对财务知识的掌握程度，便于教师了解参与者水平以把控授课难易程度。

2. 本活动考察团队协作能力。参与者需要发挥团队精神、相互协作以达到团队最大工作效率。

【活动故事】

班主任破冰初体验

秋意渐浓，我也开始踏上新征程——培训工作。还未敲开培训之门时，因为固有的授课经验让我理所当然感觉培训就是教师根据需求进行授课，并没有很大难度。但是踏入培训大门伊始，觉得培训工作还真不简单，有着诸多小细节需要顾全。俗话说，“细节决定成败”，第一次当班主任的经历让我觉得这真的是一份细致的工作，方方面面都需要考虑稳妥。伴随着些许紧张和激动，我开始领悟班主任所需具备的各项技能，体验班主任生活。

主任安排了有着丰富培训经验的谢老师与我一起来组织培训，从财务管理课程培训的目的出发，以目标为导向，我们希望通过活动引导学员初步认识三大报表，理清三大报表的具体科目，激发学员对课程的好奇心，掌握基础财务知识。随着我和谢老师探讨的不断深入，一个一个好点子像雨后春笋般涌现，在不断迭代更新、优化调整后，一个新的拓展活动——“报表树”应运而生。经过反复梳理、认真推敲，“报表树”方案初见雏形：在三大报表中摘取一些不易区分的报表科目，用彩色纸将选取的报表科目依次打印裁剪。多才多艺的谢老师运用高超的绘画才艺分别为每组绘制“报表树”。培训开始前棵棵“报表树”都已经贴在培训场地，静待培训活动开始。俗话说“不打无准备的仗，方能立于不败之地”。根据“报表树”活动规则，我也认真准备第一次作为班主任的主持词并勤加练习。期待通过练习可以游刃有余地掌控课堂并得到学员的认可。

培训当天，气氛比想象中还火热。根据规则，首先每组会讨论选出本组财务知识最强的学员等候安排“神秘角色”。起初大家认为是最强学员接受挑战，其实不然。在我们设计时就考虑请财务知识相对薄弱的学员们多多参与，也相对增加活动的公平性和趣味性。培训学员团队意识极强，每个组员都充分发挥自己的智力水平，大家分工协作，努力为团队争取荣誉获得积分。在学员开展活动时，第一次做班主任的我绕着培训场地走了两圈，想解答学员的疑问，了解学员对“报表树”活动的反馈，过程中也让我真切感受到活动已然达到预期效果。随着活动接近尾声，我带领学员们对活动进行复盘。“大家觉得‘报表树’活动难吗？”伴随我的问话，远处不时传来“难”“很难”的声音。随后我跟学员再一次进行对话，“看来，大家都觉得这个活动很难。那么如果您觉得这个活动很难，相信通过今天深入浅出的财务课程，您可以掌握三大报表的重点知识，填‘报表树’对您就是小菜一碟了”。看着大家期待的眼光，我适时推出并隆重介绍了本次课程的培训师，也终于将任务转移，授课教师开始今天的课程讲授。看着认真听讲的学员们进入听课状态，我也终于松了一口气，终于顺利完成了第一次破冰任务。

第一次做班主任，让我感触颇多：首先，部门团队的老师们对我的无私帮助让我温暖。不论是部门主任还是班主任老师，都对我的主持仪式进行指导并对我提出中肯的建议，让我收获良多。其次，此次培训使我对班主任工作有全新认识：班主任在培训工作中并不是简单的管理工作，而是要协助教师达到培训学员的目的，使学员在行为上做出积极的改变，努力推动思维转化，将理论知识应用于实践中，将培训动能转化到实际工作中。通过此次培训也让我领悟到达成培训的终极目标虽然很难，但我们要努力实践，实践方能出真知。最后，通过活动让我深刻领会到破冰活动的意义所在：良性的破冰活动确实会为老师的课程“锦上添花”，让学员从趣味活动中有所思考、有所感知、有所收获，激发学员对培训内容的兴趣，快速领悟教师课堂授课的知识。第一次做班主任收获很多，也许第一次有诸多不完美，但未来的培训之路，通过所学所思所感所悟，我一定能成就更完美的自己，为培训之路添砖加瓦、贡献力量。

游戏 17：重走长征路体验式课程

【活动简介】

活动以重走长征路为主题，以回顾历史和拓展训练相结合的形式达到重温历史、情境体验和增强团队凝聚力的目的。课程区别于传统户外拓展活动，全程以受众为主导，既能让学员感悟活动中的内涵，又能充分调动学员的积极性，将充满乐趣、挑战性的“红军团队精神”与教育训练创新融合在一起，以“红军团队精神”中所蕴含的“理想、平等、尊重、荣誉、互助，挑战、奉献和乐观”为宗旨。体验“挑战自我”“熔炼团队”“坚持信念”的激情。

【适用场景】

党史类及其相关课程。

活动内容（共三部分）。

【目标对象】

不限。

【所需材料】

长征史实资料；长征相关文学作品、歌曲等；长征路地图、地雷阵器材、指压板、轮胎、网墙、矿泉水。

【所需时间】

120 ~ 180分钟。

【场地要求】

户外平整、宽敞、安全且相对封闭的场地。

【实施步骤】

第一部分:《不忘初心　铭记历史》

授课教师在本部分将以长征时期的文学作品、长征组歌节选等内容为主线，和学员一起回顾长征史。

第二部分:《缅怀先烈　情境模拟》

活动一：重走长征路。

全队将印有长征路线图的绘布展开，在“瑞金”处放一个网球，学员通过移动绘布让网球运行起来，最终完整地走完长征路线图为胜利。绘布中存在若干“黑洞”，代表国民党设下的埋伏，一旦网球从洞中掉落，则需要完成党史答题才能继续前进。

活动二：横渡湘江。

湘江水流湍急，仅有的工具并不能满足渡江的需求。全队在起点集合，通过手中为数不多的指压板运送全队到达湘江对岸。要求双脚不能触碰指压板以外区域，且只有全队二分之一的学员可以用脚接触指压板。全队达到终点为获胜。

活动三：飞夺泸定桥。

长征途中物资、粮食匮乏，学员需要爬过一张2米 ×4米的网桥取到对岸的食物和水，并及时返回与战友分享。活动中其他队员在四周将攀爬网撑起，为获取物资的队员搭起桥梁。

活动四：草地排雷。

113	114	**115**	116	**117**	**118**	119	**120**	121	**122**	**123**	124	125
112	111	110	**109**	108	107	106	105	104	103	102	101	100
87	**88**	89	90	**91**	92	**93**	**94**	**95**	**96**	97	**98**	**99**
86	**85**	84	83	**82**	81	**80**	79	78	77	76	75	**74**
			67	68	69	**70**	71	**72**	73			
	地雷阵		**66**	65	**64**	63	62	61	60		**地雷阵**	
			53	54	55	56	**57**	58	**59**			
52	51	50	**49**	**48**	**47**	46	45	44	43	42	**41**	40
27	28	**29**	30	31	32	33	**34**	**35**	**36**	37	38	39
26	**25**	**24**	23	**22**	**21**	20	19	18	17	**16**	**15**	14
1	**2**	3	4	**5**	6	**7**	**8**	9	10	**11**	12	13

国民党在红军过草地途中埋下了若干地雷，队员需要为大部队闯出一条通往前方的道路。队员每次走一个数字方格，下一步是继续前进还是“踩雷”需要听培训师口令。“踩雷”一次后再次进入需要单腿进入，“踩雷”两次后再次进入需要由队友背着进入，直至路通。

【注意事项】

1.“爬”“踩”“背”“抱”过程中的安全问题；

2.根据完成进度适时调整活动难度；

3.做到规则一致，避免不公平现象发生

【活动分享】

长期以来，长征精神始终鼓舞和激励着共产党人。不忘初心，继往开来。在实现中华民族伟大复兴的道路上，长征是我们的精神路标，更是一座信仰的丰碑。读懂长征，昂首向前。培训师可结合具体工作，谈攻坚、谈合作、谈信念、谈精神等。

第3章

团建PK，让培训更具动力

游戏 18：我的伙伴在哪里？

【活动介绍】

本活动是一项团队组建游戏，目的是让每位参与者找到与自己在同一组的伙伴。

【适用场景】

本活动适用于培训项目的团队组建、破冰环节。

【目标对象】

不限。

【所需材料】

成套分组卡片。

【所需时间】

5~10分钟。

【场地要求】

建议使用鱼骨型桌椅摆放方法，学员围桌而坐。如果场地受限，则可采用排排坐的形式，但各小组之间需要有明确的区域划分。

【实施步骤】

1. 游戏开始前，准备好与组数相同的成套卡片，每组一套。每套卡片的数量应与组员人数相同。每套卡片的内容可灵活调整。例如：

A. 中国最具幸福感城市：杭州、长沙、西安、广州、宁波、成都；

B. 茶叶种类：铁观音、大红袍、金骏眉、正山小种、白毫银针；

C. 建筑方式：哥特式、巴洛克式、园林式、洛可可式、概念式；

D. 弦乐器：琵琶、中阮、古筝、扬琴、竖琴、吉他。

在设置内容分类时，还可融入学员所在行业元素，同时将某一物体细分以增加游戏难度，使其更具趣味性。例如：

A. 汽车行业学员：

发动机系列：轴承、机油箱、活塞、连杆、气门。

B.眼镜行业学员：

眼镜架系列：镜片、镜圈、鼻托、桩头、镜脚。

2. 游戏开始前学员可在教室内任意选择座位。

3. 游戏开始后首先让每位学员抽取一张折叠起来的卡片，但不可以看其中的内容。当所有学员人都拿到卡片后统一打开，并要求在5分钟内找到持有同一系列卡片的伙伴。

4. 当两人相遇时应彼此握手问候然后交换信息，判断他们是否属于同一系列。如果确定属于同一系列，他们就要聚集在一起共同寻找其他属于这一系列的伙伴，直到找齐所有人为止。

5. 在规定时间内组队成功，并经检查组员均属于同一系列的小组可赢得加分。

6. 主持人宣布各个新团队的座位图，引导各组各就各位准备上课。

【注意事项】

1. 所设置词汇的生僻度和模糊程度取决于学员的文化程度和知识广度。

2. 主持人可在学员抽取卡片前反复强调，也可在现场安排助教老师监督提醒，确保人手一张卡片后再统一打开。

3. 各套卡片内容的难易程度应尽可能相同。

4. 充分考虑时间及学员特点等因素，合理设置卡片内容的难易程度，避免过于简单或复杂。

【提问】（供主持人参考）

1. 能在最短时间内组队成功，您认为可能的原因有哪些？

2. 如果能重来一次，您是否会调整方法？

3. 这个看似简单的分组游戏，对您有什么启示？

【活动扩展】

在茫茫人海中寻找伙伴，需要勇气、信心与强大的亲和力。同时，我们要想在规定时间内组队成功并赢得积分，被动等待不如主动出击。

游戏 19：找朋友

【活动介绍】

用于课前破冰环节，要求学员在限定时间内按照活动任务卡要求，寻找具备相应特征的朋友，并且邀请对方签名确认，旨在让大家迅速建立链接，增进了解，创造积极气氛，快速破冰。

【适用场景】

本活动适用于培训项目的团队组建、破冰环节，以及培训师的课前开场环节。

【目标对象】

适用于新员工，年龄在35岁以下的学员最为合适。

【所需材料】

每位学员一张任务单（后附模板，具体特征项目视学员和时间情况可以适当增减），每人一支签字笔。

【所需时间】

总共15分钟左右（组织学员用10分钟时间找朋友，5分钟时间主持人提问和检验）。

【场地要求】

室内各小组围绕桌子而坐，尽量以鱼骨的分组形式进行，不能鱼骨分组的可以以顺序分组，室外分组即可。

【实施步骤】

1. 为每人准备一张标明12种（或多种）人物特征的任务单和一支笔。

人物特征以趣味性较强和可以检验的为主，例如，爱刷抖音、电话号码带“7”、喜欢追剧、身高超过175厘米、家里有宠物、喜欢健身、喜欢旅行、篮球迷、喜欢唱K、爱玩王者荣耀、是个段子手、英语口语棒、喜欢自拍、喜欢网购、喜欢跳舞等。文件后附有任务单模板，具体可以根据学员的年龄和喜好去设计和修改。

2. 每人按照任务单的要求，寻找其他组中具备对应特征的朋友，并请其在自己的任务单上签名。

3. 每个特征只能寻找一位对应的朋友，不可找一位朋友多次签名。

4. 在规定时间内，任务单上最先找全12位朋友签名的3位学员需要接受主持人的检验，看签名的朋友是否都真实符合其人物特征，所持任务单上签名通过检验最多的学员即可获得加分；当学员都没有找全12位特征朋友的签名时，那么，对找到最多签名的3位学员进行检验。

5. 找到符合特征的朋友签名少于5个的学员中，主持人抽选其中一位解读原因。

【注意事项】

1. 主持人要强调：学员只能找其他组的学员签名，以达到广交朋友的目的，并保证各组学员的互动性。如果允许各组组内互相签名时，活动可能就会在组内迅速完成，难以实现各组间的互动和交流。

2. 如果在活动实施过程中，没有找全所有签名的学员，则检验找到最多签名的几名学员的任务单。

3. 当检验签名最多的学员任务单的准确性时，要选择容易验证的特征，动静结合，并且以活跃气氛为主，不必对于结果和准确性过于苛刻，注重娱乐性和趣味性。

4. 人数控制在20~30人，否则容易混乱，出现拥挤嘈杂现象。

【提问】（供主持人参考）

1. 检验找到朋友最多的学员的任务单，确认签名的朋友是否都真实符合其特征：例如，请签名“喜欢健身”的朋友起立为大家做俯卧撑或者秀肌肉；请喜欢唱K的朋友唱歌；请喜欢网购的朋友分享网购体验等。每人限时1分钟。

2. 请获胜的学员分享一下自己认为能找到最多朋友的原因和经验。每人限时1分钟。

3. 请找朋友较少的学员分享自己的思考，假如重新做一次这样的活动，怎样做才能找到更多的朋友。

4. 主持人讲解这个活动中曾经成绩最好学员的方法：站到中间大声喊，请具备某种特征的朋友站过来。

【活动扩展】

1. 要想更快地找到符合特征的人，需要主动出击，犹如销售寻找潜在客户一般，动作要快，要主动热情。

2. 游戏过程中引导学员通过自我推销，成为影响力中心，吸引大家过来，从而更快更省力地完成任务。

附：发给学员的任务单模板

破冰游戏——“找朋友”

这项活动的目的是让大家相互之间做一次更好的了解。

游戏规则：

1. 每个空格内只写有学员的某种特征。请你把具有该项特征的学员找出来，让他们在相应的空格内签上名字。每个学员只能给你签一次。

2. 在3分钟内填满所有空格的人获胜，在规定时间内完成的前五名可加分。

3. 只能找本组以外的朋友帮你填满空格。

会下象棋	家有SUV	喜欢看足球
会讲笑话	喜欢K歌	身高超过1.75m
喜欢网购	喜欢跳舞	英语口语好
爱刷抖音	工作超15年	一口气能做 15个俯卧撑

游戏 20：心有灵犀

【活动介绍】

通过引导学员以组为单位完成难度递增的拍手任务，旨在激发参与者的创新思维，培养创新意识，考察团队的相互协作及默契度，活跃现场氛围。

【适用场景】

本活动既适用于培训项目的团队组建、破冰环节，也可在创新性思维等课程中与相关知识点结合使用。

【目标对象】

不限。

【所需材料】

无。

【所需时间】

5~10 分钟。

【场地要求】

建议使用鱼骨型桌椅摆放方法，学员围桌而坐。如果场地受限，则可采用排排坐的形式，但各小组之间需要有明确的区域划分。

【实施步骤】

1. 根据学员人数分成四至六组（保证各组人数相同），每组六人为宜，最多八人。

2. 选出监督员，原则上每位监督员负责监督两至三个小组的活动过程，主持人也可根据现场情况增减监督员数量。

3. 向学员介绍活动规则：

（1）活动分为三轮，难度依次递增。

（2）活动中需要严格遵守规则，最终裁定权归监督员所有。

4. 第一轮：主持人慢节奏地说出数字“1”“2”，要求学员默念数字“3”，并同时拍一下手。哪组拍手声音最整齐，该组可获得一颗星的奖励（建议本轮由主持人与助教为学员做演示）。

5. 第二轮：主持人说出数字“1”“2”，要求学员在默念到数字“4”时同时拍一下手。哪组拍手声音最整齐，该组可获得三颗星的奖励（本轮可在正式开始前给各组30秒练习）。

6. 第三轮：主持人宣布终极挑战即将开始。本轮的规则是主持人只说数字“1”，要求学员默念到数字“11”时同时拍一下手。但要特别强调在默念时，身体各部位都不能发出声音。例如，不能用脚踏地板、用手拍桌子等。哪组拍手声音最整齐，该组可获得五颗星的奖励（因本轮难度较大，所以在正式开始前给各组60秒练习）。

7. 邀请集星最多的小组分享成功经验，如还有其他小组愿意分享也可视情况而定。

【注意事项】

1. 分组环节的秩序至关重要，需要提前设计或预先分组，务必保证各组人数相同。

2. 监督员的选择可采用以下三种方法：

（1）活动开始前可按照学员人数比例确定监督员人数，邀请自愿报名。例如，今天的活动需要两名监督员，谁愿意报名呢?

（2）现场分组后多出来的学员。

（3）邀请现场的领导参与。

3. 活动前两轮不作为重点。第一轮语速可稍慢，第二轮正常语速即可，第三轮务必强调默数时身体各部位不能发出声音。

4. 主持人请学员介绍成功经验，若学员未提及，也可补充：规则中并未要求默念数字“2”至数字“11”必须停留多久，因此可以在主持人说出数字“1”后，所有人迅速拍手。

【提问】（供主持人参考）

1. 除了冠军小组分享的成功经验外，还有其他的方法吗？

2. 这个活动对您有哪些启示？

【活动扩展】

在日常工作生活中，当我们面临挑战时，不用钻牛角尖，有时候没准换一种角度，换一种思维方式，困难会迎刃而解！如这个游戏，采用逆向思维，打破常规，也许就能突破自己，得到更好的方法和方案，产生出其不意的效果。

游戏 21：武松打虎

【活动介绍】

主持人念“武松打虎”的故事，全体学员听到“虎”字时做出起立、坐下的动作，创造融洽而活跃的氛围，激发听众活力，并强调遵守规则的重要性。

【适用场景】

本活动适用于培训项目的团队组建、破冰环节，培训师的课前开场环节，课间休息的放松环节。

【目标对象】

不限。

【所需材料】

“武松打虎”故事材料（后附“武松打虎”材料）。

【所需时间】

10分钟左右。

【场地要求】

教室桌椅按照鱼骨图摆放，各小组围绕桌子而坐。

【实施步骤】

本活动可以依据学员的年龄分成青年组或老年组，并根据两组年龄的特点设置活动难易。

青年组：当学员听到第一个“虎”时，需要一次性完成起立和坐下的活动；当听到第二个“虎”时，起立坐下；当听到第三个“虎”时，起立坐下……依次类推。

1. 将全体学员分成若干组，并保证每组人数一样。

2. 要求每组选出一位监督员，在活动开始时，负责监督相邻组成员是否遵守游戏规则。

例如，1组监督员到2组监督，2组监督员到3组监督，3组监督员到4组监督，依次类推。

3. 主持人预习一下游戏。朗诵“武松打虎”的一段话，只要有“虎”字出现，所有的人就要迅速起立、坐下，强调听到“虎”

字需要一次性完成起立和坐下的动作。主持人还没念到“虎”字就起立，或者听到“虎”字没有及时起立的学员将被淘汰。最后，淘汰人数最少的小组将为获胜组。

4. 游戏正式开始，主持人开始朗诵全文。

5. 主持人查看各小组人数，并确定胜出组。

老年组：当学员听到第一个“虎”时，单次只完成一种动作，如起立；当听到第二个“虎”时，坐下；当听到第三个“虎”时，起立；当听到第四个“虎”时，坐下……依次类推。

1. 将全体学员分成若干组，并保证每组人数一样。

2. 要求每组选出一位监督员，在活动开始时，负责监督相邻组成员是否遵守游戏规则。

3. 主持人预习一下游戏。朗诵武松打虎的一段话，当听到“虎”字出现时，所有的人就要起立；当听到第二个“虎”时，坐下；当听到第三个“虎”时，起立；当听到第四个“虎”时，坐下……

依次类推。主持人还没念到“虎”字就起立，或者听到“虎”字没有及时坐下的学员将被淘汰。最后，淘汰人数最少的小组将为获胜组。

4. 游戏正式开始，主持人开始朗诵全文。

5. 主持人查看各小组人数，并确定胜出组。

【注意事项】

1. 游戏的要点是主持人朗读时的语调、语速等，增加游戏的乐趣。

2. 主持人要先念熟“武松打虎”这段故事，绘声绘色的朗读有利于强化游戏效果。

3. 主持人现场需要提前询问各组是否有学员身体不舒服或不便做游戏？这类学员可以自荐为监督员。

【提问】（供主持人参考）

1. 这个活动对你有哪些启示？

2. 胜出组的经验是什么？

【活动扩展】

考察学员快速反应能力，通过游戏激发学员兴趣、活跃气氛。并让学员在游戏中理解遵守规则的重要性。

附：“武松打虎”材料

话说《水浒传》中有一打虎英雄，名曰武松，此人虎背熊腰，虎头虎脑、两只虎眼，虎视眈眈。一日，他来到景阳岗下，进了一家酒馆，向酒保要了一坛虎骨酒，喝了十八碗后，便要上山，这时，被酒保拦住，告之：此山中有数只老鼠（拖长“老”音有人就会上当），还有一只老（拖长“老”音有人就会上当）虎，劝他莫进此山，那武松自持武功高强，便不听劝告，径直来到山前，只见一告示上写：“山中有老虎，请注意。”那武松不管三七二十一，提着打虎棒，便往山上走去。

刚到山上，还未站定，此时一阵虎风吹过，突然出现了两只老鹰，武松惊魂未定，又出现了一只猛虎，那猛虎见了武松，心中大喜，“俺的晚餐来也”，于是（加快语速累死他们）一瞪虎眼，一昂虎头，一扭虎身，一摆虎尾，一个虎跃，扑向武松，这时，武松酒醒了一半，只见他一闪身，躲过猛虎，蹲正虎背，左一拳，右一拳，拳拳打在（加快语）虎头、虎耳、虎眼、虎脸上，只打得老虎昏头转向，紧接着武松前一脚，后一脚，脚脚踢在虎胸、虎背、虎屁股上，只踢的猛虎气息全无，终于死去，（假作结束式）突然，寒风又起，又闪出一老者，说道：壮士在此作甚？只听另一声音告道：我正在教十二只（数字可根据游戏参加人数调整）老虎做游戏。

第4章

劳逸结合，让培训更具活力

游戏 22：手指操

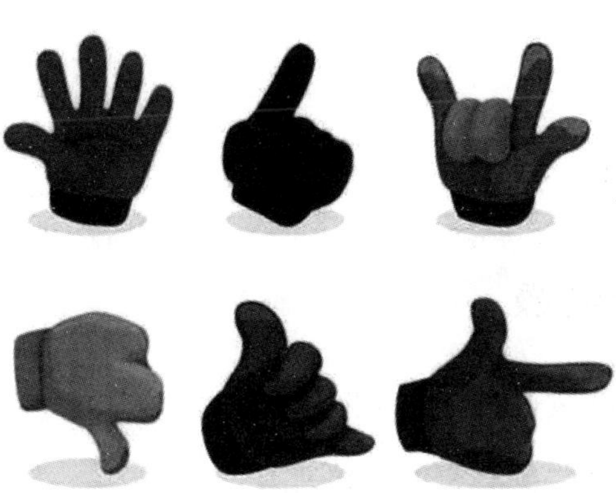

【活动介绍】

手指操作为经典课前游戏，具有增强记忆力、消除疲劳、缓解压力、活跃气氛的神奇功能。

【适用场景】

下午课前使用效果最佳。

【目标对象】

不限。

【所需材料】

手指操视频。

【所需时间】

5分钟。

【场地要求】

无。

【实施步骤】

（一）儿歌类手指操

1. 主持人边说儿歌边带领学员熟悉动作。
2. 组织学员两至三人一组自由练习。
3. 主持人与学员一起边说儿歌边做动作。

《手指变变》

一个手指头呀！变呀变成毛毛虫；

两个手指头呀！变呀变成小白兔；

三个手指头呀！变呀变成小花猫；

四个手指头呀！变呀变成螃蟹走；

五个手指头呀！变呀变成拍拍手。

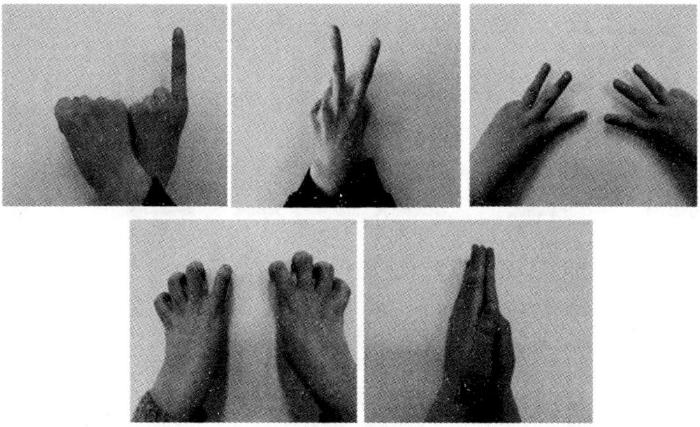

（二）奇偶数手指操

1. 主持人示范并带领学员练习动作。数字从1~10，奇数仅使用一只手比划，另一只手握拳代表数字“0”；偶数需要使用两只手比划，双手比划的数字之和等于该偶数。

2. 组织学员组内自由练习，熟悉动作。

3. 各组选派一位代表接受三轮挑战。选手需要配合主持人的口令节奏做出规定动作（语速可逐渐加快增加难度），动作慢或做错动作者被淘汰，坚持到最后的选手可为小组赢得加分。

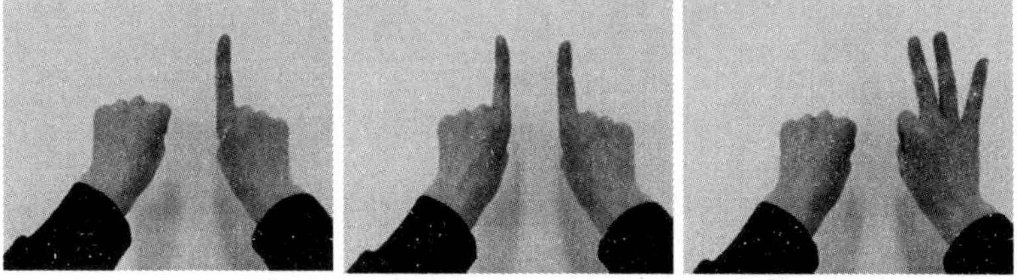

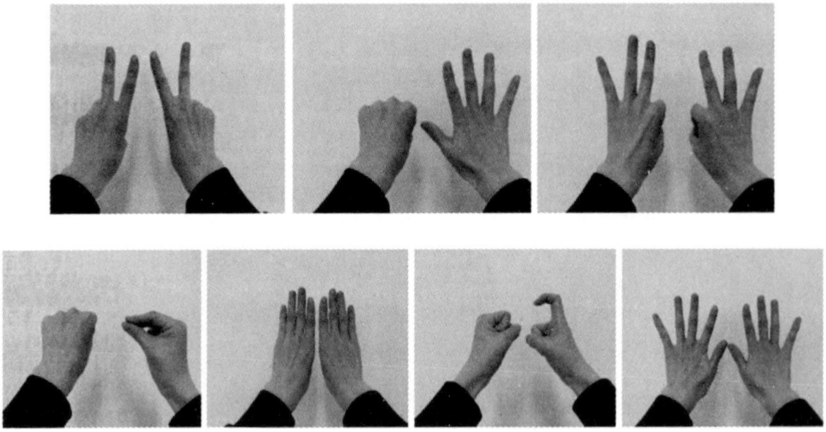

（三）高难度手指动作

1. 主持人逐一播放多个高难度手指动作视频，组织学员模仿。

2. 凡能做出视频动作者可为小组赢得加分。

3. 如有人能做出视频以外的其他高难度动作，经大部分学员认可后也可加分（不仅限于手指动作，鼓励大家展示自身绝活）。

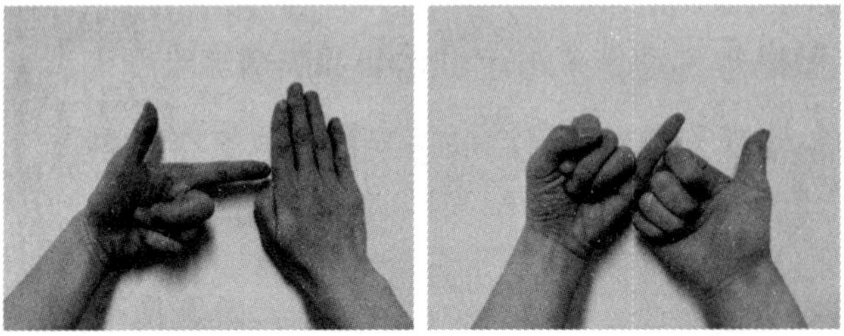

【注意事项】

正式开始前务必组织学员充分活动手指，避免受伤。

【提问】（供主持人参考）

这是一个简单的游戏，大家看到了什么？

【活动扩展】

大家看到了什么？……

我们看到了彼此的笑容。看似简单的小游戏却能打动人心，正如有些最简单的道理却常被我们所忽略。童真和笑容是多么可贵，希望我们能够开心地度过每一天。

游戏 23：乌鸦与乌贼

【活动介绍】

这是一个抓逃手指游戏，要求学员集中精力倾听故事口令，按照规则完成相应动作。它能够有效地训练学员的注意力和倾听意识，活跃团队氛围，帮助队员快速融入团队。

【适用场景】

适用于培训开营的破冰环节、培训师的课前开场环节、课间休息的放松环节及连续培训时的中间衔接。

【目标对象】

不限。

【所需材料】

无。

【所需时间】

总共10~15分钟，视现场需要而定（分组和讲解规则3分钟，开展活动7分钟，主持人用5分钟提问和总结）。

【场地要求】

室内室外均可，室外围成一圈站立，室内可分组坐或站立。

【实施步骤】

1. 各组伙伴环坐或站立围成一个圆圈，双臂夹紧身体两侧，左手抬起，掌心朝下与肩同高，手掌与小臂垂直呈90°；右手抬起食指朝上与肩同高，顶住右侧伙伴的左掌掌心。

2. 主持人会讲一个关于“乌鸦与乌贼”的故事（故事材料附后），当提到“乌鸦”或“乌贼”这两个关键词时，所有伙伴要用左手去抓左侧伙伴的右手食指，同时要放下自己的右手食指，避免被伙伴抓住。

3. 主持人请现场学员推荐成功率高的左右侧伙伴，对成功率高的学员进行提问总结。

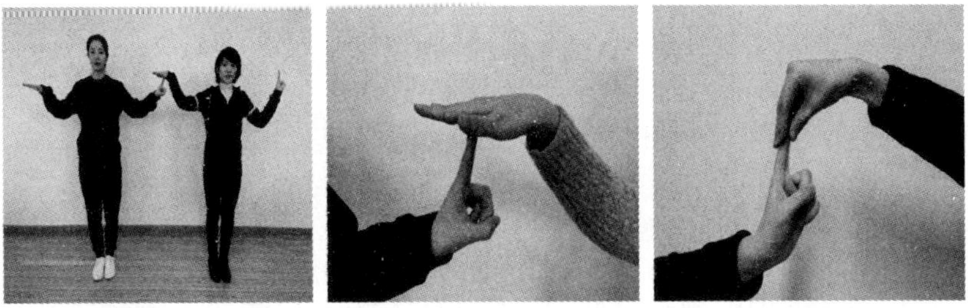

【注意事项】

1. 主持人在讲故事过程，讲到“乌”字时，要掌握表达技巧，例如，当提到“乌云”等非关键词时，强重读；提到“乌鸦”“乌贼”时，平缓轻读。设法误导伙伴，使该抓的没抓，该闪的没闪。

2. 这个游戏考验大家的灵敏和反应，因为抓手时可能由于紧张学员力度会偏大，所以在开始前学员两两先握一下手，作为活动前的一个礼节。

3. 学员既可以坐着，也可以站着；既可以围成闭环，也可以不形成闭环。具体可根据场地和人数情况灵活变动。

4. 主持人可在故事讲到一半时，某一个“乌鸦”或者“乌贼”处，对学员的反应情况进行提问检验，以引起学员思考。

【提问】（供主持人参考）

1. 大家的正确率如何？对自己满意吗？请一位学员分享自己的活动表现。

2. 有多少同学一听到“乌”字就行动的？请举一下手？

3. 有没有每次都成功的？请举一下手？请分享自己的经验。

4. 主持人可总结“认真倾听”的重要意义，从一个小游戏也需要认真倾听迁移到日常的工作生活中倾听的重要意义。

【活动扩展】

1. 学会倾听。专注地听别人说话才能听得清楚，行动才能果断、敏捷。

2. 注重过程，适当淡化结果。过分担心结果失败反而更容易做错。

3. 做判断时保持独立清醒的头脑十分重要，避免受旁边同学的影响。

附：模板故事材料

故事一：用于情绪管理、沟通课程的课前导入。

天空飘来了一朵小乌云。小乌云下是一条小河，里面游动着一条小乌贼。小乌云看到小乌贼闷闷不乐的，就问：“小家伙，你怎么啦，这么不开心呀？”小乌贼说：“哎，别提啦，我和朋友小乌鸦，闹别扭了。”小乌云说：“你怎么把小乌鸦给惹了呀？”唉，小乌贼一声长叹，“那个小乌鸦，她太烦人了。我们不知道因为什么事情，呛起来了，小乌鸦忽然生气地骂了我两句。我没控制好情绪，也怼了小乌鸦几句，结果，这两个星期以来她都不理我。你说这个小乌鸦，是不是心眼太小了。”小乌云说：“我说小乌贼，你也该反省下自己吧。老师讲课还说，我们控制情绪要用ABC法则，你学好了ABC，就不会激怒小乌鸦了，你现在也不会这么难过啦，对不对呀？”小乌贼说：“哇塞，我怎么没想来呢。我得主动去找小乌鸦，给她道个歉。”小乌贼和小乌鸦和好了，他们快乐地拉起来手，这时，就连天上的小乌云，也散开了。

故事二：用于团队合作，共赢主题。

林里有一间小小的城堡，里面住着可怕的巫婆和她的仆人乌鸦，突然有一天，天上慢慢飘来一片片乌云，转眼间就乌黑乌黑的，什么也看不见，不一会儿就下起了大雨。在狂风暴雨中，巫婆听到有人在敲门，开门一看，原来是一只乌龟，还有一只乌贼。他们要求巫婆让他们进屋。巫婆同意了，可是乌鸦不同意，因为它和乌龟总是吵架。雨越下越大，大家也越吵越凶，乌贼指着乌云对巫婆说："雨这么大，乌鸦却不让我们进去，我和乌龟都会生病的，再不开门，我一定会让你的城堡变得乌烟瘴气。"最后，巫婆还是没有给他们开门。没多久，雨停了，太阳出来了，乌云也散了，巫婆和乌鸦这才打开门，看见乌龟已经冻得缩成一团。

游戏 24：愿景

【活动介绍】

本活动通过引导学员不断挑战肢体动作极限，起到舒展筋骨的作用，同时也能够使参与者体会到设立目标与反复实践的重要性。

【适用场景】

本活动既适用于培训开营的破冰环节、课间休息的放松环节，也可在授课中与目标管理、刻意练习等课程相关知识点结合使用。

【目标对象】

不限。

【所需材料】

无。

【所需时间】

5分钟左右。

【场地要求】

室内或室外平坦、空旷的场地（两臂展开横平举时不会触碰到别人的距离即可）。

【实施步骤】

1. 主持人带领学员活动肩关节、腕关节、腰等部位，做好活动前的热身。

2. 主持人讲解规则并演示动作。

分解动作为：

第一步：学员面朝同一方向站立。

第二步：下半身保持不动，双臂经前平举向右后方转动身体保持五秒；提示学员第一次尽力即可，并记住那个位置。

3. 第二次带领学员重复上述动作，鼓励学员超越第一次的位置，并保持五秒。

4. 第三次开始前，先请大家闭上眼睛，跟随主持人的口令在脑中完成上述动作，想象自己又超越了第二次的位置，然后正式开始。

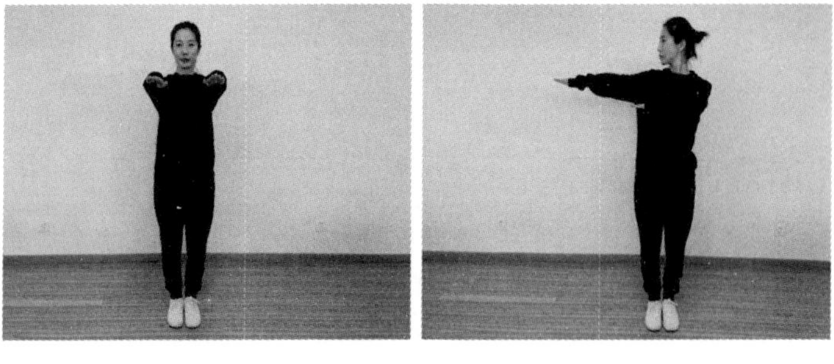

【注意事项】

1. 学员如果平均年龄偏大可适当降低难度，动作幅度无须太大。

2. 活动前务必进行热身，避免受伤。

3. 每次操作都需要在极限处停留五秒，记住指尖位置。

4. 每次操作时，主持人的语气非常重要，一定要鼓励大家到了那个位置并超越那个位置。

【提问】（供主持人参考）

1. 活动开始前，您认为自己的极限可以做到什么程度?

2. 活动结束后，对比前后的差距，您有哪些启示?

【活动扩展】

对于一个组织而言，愿景是企业存在的最终目的。但实现愿景不是一蹴而就的，不仅需要进行组织结构的设计，流程和制度的制定和执行，同时还要得到组织成员的认同与支持。在这个游戏中，每个人都好比组织中的个体，都应在组织愿景的背景下结合自身情况制订个人目标。而后通过不断地刻意练习达成这一目标。当阶段性目标达成后，应制订更高一级的目标，并在反复实践中不断突破自身极限，提升能力，为最终实现企业愿景贡献力量。

第5章

温故知新，让培训更具价值

游戏 25：击鼓传“球”

【活动介绍】

通过击鼓传“球”的趣味答题活动形式让学员在轻松愉快的氛围中加深对知识点的记忆与理解。

【适用场景】

本活动适合应用于对已学知识点的课后复习环节。

【目标对象】

不限。

【所需材料】

活动道具“球”可以是一个球、一盒巧克力或一个毛绒玩具，以增加活动的趣味性。准备考试题目（手持卡片）或制作成试题PPT、节奏感强的欢快音乐。

【所需时间】

15分钟。

【场地要求】

供全体人员围站成一圈。

【实施步骤】

1. 本活动最好设计在至少一天以上培训时间，培训时间周期长，应用效果更佳，助教老师可以提前一天告知学员考察范围。

2. 主持人请全体成员站着围成一个圆圈，主持人也在其中。

3. 主持人带领大家了解游戏规则。

屏幕显示击鼓传“球”游戏规则（游戏规则可以做PPT展示）：

（1）把球交给圈里的任意一位学员。音乐起，“球”就开始按顺时针的顺序传，音乐一停，“球”就必须停。

（2）“球”落到谁手上，谁就要回答大屏幕上的一个问题。

（3）15秒内回答正确有效，超时则结果无效。

（4）过关者每次按屏幕问题上所标分数为自己所在的小组加

分，还可以在盒子里拿一块糖做奖励。

（5）如果拿到“球”的学员不知道答案或回答有误，主持人可以重新启动音乐，开始新一轮的击鼓传“球”游戏，请下一位拿到“球”的学员回答。

（6）经过两次传“球”，拿到“球”的学员未能回答出问题或回答有误，可由其他组成员进行举手抢答，或者由主持人公布答案。

【注意事项】

1. 题型设置应多样化，如单项题、多选题、判断题、情景模拟等。

2. 主持人要把握好时间，控制每个学员的答题时间。

3. 将“球”也可换成毛绒玩具，增加趣味性。

【提问】（供主持人参考）

1. 这个活动对你有哪些启示？

2. 课后及时复习对于培训效果的巩固是否有很大帮助？

【活动扩展】

德国心理学家艾宾浩斯（H.Ebbinghaus）研究发现，遗忘在学习之后立即开始，且进程由快至慢。因此，在学习新知识后，如果及时复习便能够加深印象，使这些记忆长时间保存于大脑中。反之，便很快会被遗忘。

【活动考察的关键知识点】

1. 温故知新。考察学员对于所学知识的掌握情况，通过复习加深记忆并进一步深化对知识点的理解。

2. 寓教于乐。趣味性和知识性相结合，用游戏的方式引导学员复习所学知识。

游戏 26：九宫格复习法

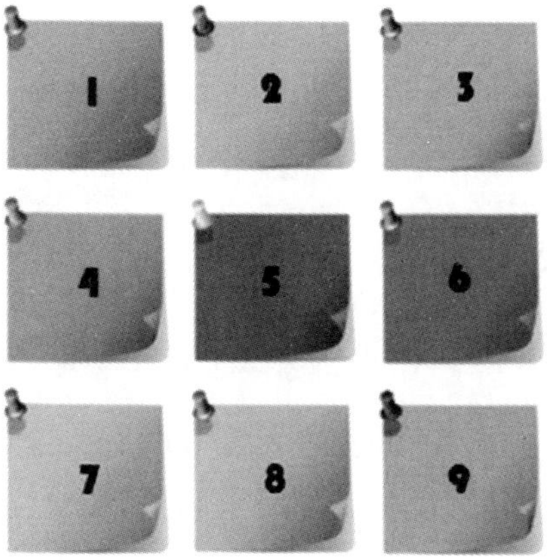

【活动介绍】

采用游戏化的教学形式使学员在轻松愉快的氛围中迅速调整学习状态，加深对知识点的记忆与理解。

【适用场景】

本活动适合应用于对已学课程知识点的课后复习环节。

【目标对象】

不限。

【所需材料】

支架式白板1个、白板笔2支、便利贴约20张（如果没有白板，可使用全开大白纸粘贴在教室墙面上）。

【所需时间】

15~20分钟。

【场地要求】

室内，学员分组而坐，各小组之间有较为明显的区域划分。

【实施步骤】

1. 本活动要求至少培训一天以上，培训时间周期长，使用效果更佳，助教老师可于考试前一天将考点范围告知学员。

2. 事先在白板上绘制九宫格。在九组（上下两张为一组）便利贴上分别写下九道题目，一个空格内贴一题。

3. 活动开始时首先向学员介绍以下规则：

（1）以小组为单位按照组序进行答题；

（2）每组每轮经过讨论可盲选一题作答；

（3）十五秒内回答正确结果有效，超时则结果无效；

（4）小组每答对一题，可解锁一个空格，获得十分的积分奖励；

（5）将三个空格连成一线的小组可最终获得五十分的积分奖励；

（6）活动全程不能查阅任何学习材料和手机，违规者禁止答题一轮。

4. 答题开始后，助教进行十五分钟倒计时，并每隔五分钟提示主持人时间进度。

5. 统计各组得分情况。

（1）如有小组在规定时间内连线成功，获得五十分积分奖励。

（2）如在规定时间内未有小组连线成功，则按照解锁的空格数量给予加分。

6. 分别请得分最高和得分最低的小组作分享。

【注意事项】

1. 题型设置应多样化，如单项选择题、多项选择题、判断题、挑错题、情景模拟题等。

2. 可选择不同颜色和不同形状的便利贴。

3. 便利贴上下两张为一组，将题目写在下面一张贴纸上，做好保密工作。

4. 单独准备一支供小组答题使用的移动话筒。

5. 在讲解规则时强调纪律，如某一小组有不恰当行为，除该小组外的其他小组获得加分。

6. 积分多少由组织者决定，这里只作为参考。

7. 严格把控答题时间，充分调动学员积极性。

【提问】（供主持人参考）

1. 这个活动对你有哪些启示？

2. 为了保证小组答题多且正确率高，可以有哪些对策？

3. 及时复习对于将知识学以致用有什么好处？在接下来的学习中你将采取什么行动呢？

【活动扩展】

德国心理学家艾宾浩斯（H.Ebbinghaus）研究发现，遗忘在学习之后立即开始，且进程由快至慢。因此，在学习新知识后，如果及时复习便能够加深印象，使这些记忆长时间保存于大脑中。反之，便很快会被遗忘。

【活动考察的关键知识点】

1. 活动重点考察学员对于所学知识的掌握程度，是否有将课堂所学与实际生活和工作相结合，将知识内化为个人能力的意愿。

2. 本活动将课程知识点融入游戏环境中，消除学员对于考试的抵触心理，增强学习积极性，养成良好的自主学习习惯。

3. 想要取得最后的胜利，需要小组成员的共同配合。

游戏 27：知识竞赛

【活动介绍】

让学员在设计巧妙、紧张、刺激、趣味十足的答题竞赛中，轻松快乐地复习所学内容。

【适用场景】

本活动适合用于对已学课程知识点的课后复习环节。

【目标对象】

不限。

【所需材料】

扑克牌、动感音乐、知识竞赛试题（PPT 等）。

【所需时间】

15~20分钟。

【场地要求】

室内，学员分组而坐。

【实施步骤】

本活动适用于至少一天以上的培训，培训时间周期长，使用效果更佳，助教老师可以提前一天告知学员考察范围。

知识竞赛形式多种多样，下列介绍两种形式，供读者参考。

一、抽取扑克牌，确定答题选手

1. 主持人事先准备两副扑克牌（以下称为A副牌和B副牌），分别从两副扑克牌取出与学员人数相等的张数，并保证花色一致。

2. A副牌在大家进场时，由学员自由抽取，每位学员手持一张扑克牌。B副扑克牌放在主持人处。

3. 活动开始后，主持人每轮从B副牌中任意抽取一张，持有相同花色A副牌的学员进行答题。

例如，主持人抽取到“红桃K”（B副牌），则由现场抽取到“红桃K”（A副牌）的学员起立答题。

4. 十五秒内回答正确有效，超时则结果无效。

5. 回答正确的学员可为小组获得该题目小组积分。

6. 如果拿到“红桃K”的学员回答错误，可由其他组成员举手抢答，或者由主持人公布答案。

7. 原则上答完全部题目活动终止，但主持人也可以根据现场及时间情况提前结束。

二、看谁先举手，抢答对抗赛

1. 主持人可以事先将考试题目的PPT制作成“逐字出现”的文档形式增加刺激性，当大屏幕的题目缓慢出现在学员面前时，由各组学员以举手或拍手形式抢答。

2. 最先拍手或举手的学员回答问题。

3. 此方式可以判断学员对所学知识的熟悉程度，通过PPT画面和节奏感强的音乐及小组累计加分的引导，提升学员注意力和答题的积极性。

4. 十五秒内回答正确有效，超时则结果无效。

5. 回答正确的学员可为小组获得该题目小组积分。

6. 如果回答错误，则可由其他组成员举手抢答，或者由主持人公布答案。

7. 原则上答完全部题目活动才结束，但主持人也可以根据现场及时间情况提前结束。

8. 为了增加活动效果，主持人可以播放节奏感强的背景音乐，增加紧张气氛。

【注意事项】

1. 题型设置应多样化，如单项选择题、多项选择题、判断题、情景模拟等。

2. 主持人要把握好时间，控制每个学员的答题时间。

3. 知识竞赛的游戏方式有很多种，可以根据知识范围和学员特点随意选取合适的答题方式。

【提问】（供主持人参考）

1. 这个活动对你有哪些启示？

2. 课后及时复习对于培训效果的巩固有什么样的帮助？

【活动扩展】

德国心理学家艾宾浩斯（H.Ebbinghaus）研究发现，遗忘在学习之后立即开始，且进程由快至慢。因此，在学习新知识后，如果及时复习便能够加深印象，使这些记忆长时间保存于大脑中。反之，便很快会被遗忘。

【活动考察的关键知识点】

1. 温故知新：考察学员对于所学知识的掌握情况，通过复习加深记忆并进一步深化对知识点的理解。

2. 寓教于乐：趣味性和知识性相结合，用游戏的方式引导学员复习所学知识。

【活动故事】

答案解密有技巧——稳、准、狠

“豹尾”式解密答案，点睛之笔让学员回味无穷。

在A公司物业中干班的“合规经营”课堂上，我第一次和学员们开展了“知识竞赛”的活动，为了调动学员的兴趣，我在课前苦思冥想，精选了多道趣味性强且与合规经营相关的题目。为了向学员科普相关知识，应对学员的提问挑战，我把相关的知识点全都搜索了一遍，把脑袋储存成了小“百科全书”，可以针对相关知识侃侃而谈，我胸有成竹了。

第一道题目是判断题，法律知识：一般情况下，“定金”比“订金”更具有法律效益？学员们小声议论起来，你对我错，组内讨论个不停，讨论无果正激烈时，说时迟那时快，有学员直接抢答了“答案是正确。”“为什么呢？”我请学员解释，“蒙的，老师您讲讲呗！”“果然不明白，我来解释”我心里得意了几分，大脑飞速运转着，背出了书面解释：“定金”具有担保性质，定金合同是主合同的从合同，定金合同不成立或不生效，不影响主合同的效力；而订金合同是主合同的一部分，依约定应交付订金而未交付的，主合同不成立……

学员们眨巴着眼睛，张着嘴巴，像是半知半解，听得一脸蒙……

我接着搜索脑袋中的“储备粮”，“订金只是预付款，不具有担保性。”我讲到了最后一句。

“哦”，大家齐声喊了出来，都点点头，互相看看，“这就明白了，老师，您就说这一句就行”……

小小的知识竞赛几乎要把这一天的课程知识点都囊括了，看着活动将要超时，虽然题目还未进行过半，我只能到此为止，赶快结束活动了。然而，前排眼尖的同学看到了PPT中还有未竞答的题目，纷纷建议“老师，后面的题目咱们迅速过完呗，时间不够，您简明扼要解释就行”“对对对，咱就过题吧”“啊，这么爱学习啊！”我心中窃喜，迅速地与学员们竞猜完了题目。“最后一道题了啊，我们组答，别和我们抢”，学员们意犹未尽。活跃了氛围，给培训来个“开门红”，算是达到了目的。

课间，一位学员追过来找我，他拿着拍了照片的题目，问我：“老师，我是不是就能这么理解，这个‘订金’就是预付款？如果能这么理解，那我就不问您前边那些专业术语的意思了，就记您这么一句了，还挺有用的，咱这活动有意义……”学员边说边竖起大拇指，为我点了个赞。学员竟然对竞猜的知识这么饶有兴趣，我喜出望外。

不确定是否是个例，我在课后查看了学员的“UMU 评价”，竟有不少学员对于知识竞赛活动的关注超过了课程本身，“订金就是预付款，知识竞赛有用”“希望再出一些法律题目，多科普，解释希望接地气儿”“激起了我学习经济法的兴趣”……学员们对知识竞赛和答案讲解如此关注，思绪又把我带回了活动现场。

知识竞赛作为课程新知的导入环节，由于首音效应，某些知识点给学员留下的深刻印象和求知欲可能远超出我们的想象。“订金就是预付款”，一句似乎胜百言。不少学员因为这个小知识的“稳、准、狠”讲解对于知识竞赛甚至培训学习都有了新的认知，当然，产生新认知的，还有我们。

第6章

用心专业制胜，让培训锦上添花

班主任日记1：“捧哏”也需专业

认真做“红花”，也别轻视了当“绿叶”。

随着“教练技术”近几年在企业界的成熟运用，在一次后备干部培训班上，祥龙企业培训中心也将其设计入培训体系。我这次的任务只是作为助教，配合老师完成教练技术的培训。

嗯，需要做什么呢？服务服务老师，帮助帮助学生，再在老师教练学员的实战环节，根据老师发号施令，打个配合。嗨，捧个哏呗，助教就是毫无压力的角色啊。我提前整理好实操工具和活动流程后，只是草草地了解了教练活动的基本内容，就开始轻松上阵，准备与学员一起第一次系统学习这项培训界热捧的“明星”技术了。

活动在老师的组织下进展十分顺利，一位学员积极地走上讲台，坐在椅子上，开始按照老师的引导，闭上眼睛描述自己的心理认知，老师坐在旁侧一边轻声地询问着，一边拿笔放于膝上的白纸板上记录着，话筒放在一侧的椅子上，两人声音低沉，沉浸在一个我们都无法进入的场景中。学员们因听不清对话，开始窃窃私语，互相猜测他们在说什么，后面的学员叫着“大点声”，前面的学员站起来长“嘘”一声，课堂开始略显混乱。作为一名日常时刻维护着课堂学习氛围的班主任，岂能忍受如此场景发生！我匆匆向前走了两步，看到放在老师身边的话筒，看着师生两人投入的表情，却步于此，犹豫着不忍再上前打扰，“是老师一手写字一手拿纸板不能拿话筒吗？还是教练技术的特定设计场景，不允许听众打扰呢？”我正踟蹰思考着，突然肩膀被人拍打了一下，我一扭头，是他们的总监郭总，郭总着急地问我：“大家都听不到，你们能不能帮老师和那个学员持一下话筒？”看到客户不满意，我一个箭步冲上去，与小伙伴左右一边一个给对话的师生持起了话筒。

老师询问着，学员们都安静下来，然而，正在放松聊天的学员突然听到自己声音放大，流露出紧张情绪，刻意地降低了分贝，回答变得犹犹豫豫、欲言又止而不再流畅。我们瞬间意识到了自己的唐突，马上撤了话筒，但遗憾的是，学员显然被干扰了思路，没了兴趣，师生两人的对话很快便宣告结束。

两个助教不专业的举动，给一场原本向着完美发展的对话留下了瑕疵。

事情过去了很久，但每次我回想起来都心有余悸。如果面对专业的未知知识，我作为助教能提前认真预习；如果我足够重视自己的协助任务，与培训师提前详细沟通教练技术的应用场景；如果当时能坚定自己的角色再独立思考一下，而不受客户影响；如果我作为“捧哏”，也能很专业。

班主任日记 2：一心只为更好的“味道”

如果把培训作为一场盛宴，培训的破冰活动可能就是培训的一道开胃菜。培训班主任在这道开胃菜里，潜心研究不断变换口味，让学员们既能开胃，还能对主菜充满无限期待。

击鼓传“球”，打造好吃的味道

击鼓传“球”，顾名思义是一种在音乐伴奏下的传“球”活动，当音乐响起，学员按顺时针一个接一个地传“球”。音乐停，谁拿到“球”，就需要完成提前设计的考题，如表演节目或讲故事等。击鼓传“球”的游戏使用范围广泛，无论是知识竞赛答题、情景表演等，都是达成游戏目的、推进活动顺利进行的助推器。

为了让学员巩固前一天的学习内容，我们特地采用了击鼓传“球”的游戏来复习所学知识。因为谁拿到球，谁就要回答问题。于是音乐响起，“球”按照惯例在学员之间快速传递着，每一个拿到“球”的学员，都担心音乐突然停了，“球”落在自己手里，回答不出来问题，所以每个人心里都绷着一根弦，拿到“球”就赶紧把“球”传给别人，生怕“球”在自己手中多停留半秒。那天的活动中有位学员运气特壮，“球”两次落到他手里，他无奈地苦笑说："我今天是中大奖了。"然后他跟旁边学员调侃："我要拿到的是一块巧克力该多好，还可以吃两次巧克力。"

把"球"换成"巧克力"学员的体验是不是更好？因此，在下一次培训中我们果断尝试了用"巧克力"替代"球"，音乐停后，每个学员回答完问题之后可以奖励一块巧克力。那一天的破冰活动气氛相当热烈，在场的每个学员都在争那盒巧克力，原本悬着的心竟然转变为期待与盼望。"巧克力"在每位学员的手中传递得更快了，因为总有下一位学员想要争分夺秒地抢到这个"球"，看来大家都喜欢巧克力，回答问题的积极性空前高涨，内容复习也取得了非常好的效果，培训现场再次被燃爆。

培训结束后有多位学员反馈，击鼓传"巧克力"游戏不仅好玩，还好吃，让大家学到了很多培训中的关键知识。很多学员的学习由被动变为主动，是他们在培训复习环节中难得的一次开心体验。

众口难调

"武松打虎"的故事众人皆知，我们做的游戏，是一个反应力比试的游戏。通过在一段风趣幽默的文章中穿插多个命令点，来检测大家在听到命令后的反应，整个游戏紧张刺激，搞笑连篇。

记得第一次做"武松打虎"游戏时，游戏热闹地开始却又在悄无声息的四个来回中尴尬地停止了。有些年纪大的学员对于"起立、坐下"表现得心有余而力不足，动作明显比年轻学员的节奏慢。刚两轮没过，索性就坐下“罢工”了，怎么办？“菜品”体验味道不一致，真是众口难调。

作为班主任，我内心清楚肯定是哪个环节不对！中午休息时，有位年纪大的学员走来跟我说：“姑娘，你早上做的游戏差点把我吓出心脏病，快节奏地起立坐下真受不了。”听到这个学员这样说，吓得我的后脊梁骨发凉，内心的感慨与后怕难以言表，但也体会到我们的开胃菜一定要根据不同年龄段学员的“口味”来设计，年轻学员和年长学员在一些游戏的体验上是截然不同的，例如，很多年轻学员喜欢喝可乐，绝大部分年长学员可能更喜欢喝热茶。

因此，在以后的“武松打虎”游戏中我和团队成员及时调整了活动规则，一方面，设立了督察员角色，让年长的学员或身体不舒服的学员担当督察员角色，不但可以协助班主任更好地完成游戏活动，而且也让这些学员从另一个角度体会游戏活动的乐趣，感受游戏活动气氛；另一方面，如果一个培训班里年长的学员居多，我还特别设计了较为简单的活动流程，简化活动难易。

这项游戏在后来的培训班里进行得很顺利。在这个过程中，我也深深体会到了学员对开胃菜的期待千差万别，因而要针对不同用户群体，有的放矢地设计“味道”才是关键。

班主任日记3："4050"干部班，怎么破冰？

培训工作中最令我发怵的事，莫过于破冰——年过40岁，根本无法像小姑娘一样在台前轻松地说笑调侃抬气氛，加上天生不善幽默，能把笑点为10级的笑话讲到听众一脸茫然，破冰简直是我的"死穴"——而马上要进行的项目是"祥龙物业中层干部培训班（第二期）"，学员平均年龄45岁，超半数是头发已花白的"老熟持重派"中干，平时见到他们说话都要"三思而后言"，更别提给他们做破冰活动了。可恰恰这样的班，开营领导讲话后气氛往往特别严肃凝重，学员几乎全是冷峻板正的表情，老师再上课就特别难。

怎么办呢？把部门所有的破冰活动翻了个底朝天，还是没有合适的，简直焦虑到睡不着觉。

"谢老师，有一个活动很适合学员，也很适合你，试试看：可以设计一个知识抢答赛，内容与党建、法律、生活知识相关，既能关联这个项目的培养目标，又有趣味，还不为难你。"危机时刻，听到曾主任的建议，仿佛黑暗的屋子忽然打开了一扇窗，刹时看到了光亮。

知识抢答？——有趣，不需要激烈的体能，又能发挥这个年龄层学员长期学习积累的优势，太棒了！

锁定了活动，我们立刻开始设计。什么样的题合适呢？

“咱们培训一直是党建和业务并重的，可以从学习强国里找些题吧，正好让他们PK下，看谁平时学得好？”身边有党员，就是不一样，肖琳老师出了个好点子。

“也可以考时事，从刚过去的国庆大阅兵里出些题，比如……考他们中国最酷的洲际导弹，东风40；还有……阅兵史上首次亮相的方阵？”年轻老师果然有创意，我马上紧紧拽住小高老师，“小高老师，再帮出4道阅兵题呗？”

“他们这次有法律培训，我见过好几道很实用的题，比如考‘订金’和‘定金’的差别。还有……”曾主任就是个知识百宝箱，一下子就出了8道题。

没花多长时间，我们就设计出了20多道题，每道都十分精彩有趣。

到了这一步，一定不能把活动做砸了，于是，我精心地做PPT、设计字幕动画、配活动背景音乐，细致推导活动规则确保抢答不乱，与同事反复演练查找各种风险。在脑海的预演中，我都能看到场面和效果——学员们很兴奋，抢答场面很热烈，各小组的分数一会儿一刷新……

终于到了“实战时刻”。“各位学员朋友，在课程开始之前，我们先考考大家，一起来做个有趣的学习热身活动吧——眼疾手快。”——大家的表情虽然是严肃的，但他们的目光都齐刷刷地向屏幕聚来——我感到一切正在朝向理想的设计效果前进。

由于经过了充分的准备，介绍活动规则的过程很顺利，“大家准备好了吗？”我大声地问大家。领导们果然“风雨不动岿如泰山”，台下一片沉寂。“过会儿你们就不会这么淡定了。”我默默鼓励了下自己，接着播放了“体验题”。

字符一个个在屏幕上跳出来，效果不错，可声音去哪儿啦？糟糕，刚才领导讲话前，为了避免背景音乐干扰，我已经把电脑打静音了。真郁闷，刚开始就出了bug，培训真是细节无小事啊。

还好，学员们反应起来了，有三个人击掌抢答，我们邀请最先击掌的学员回答。这是个年龄比较大的领导，他微笑着站起来说：“先减速，再打方向盘躲开。”他回答得真好，虽然答案就是一层纸，点破人人都知道，但他在压力下体现了抓关键的智慧，我赶紧为他点赞。顺便还得修理bug：“好，我们的正式抢答从下一题开始。为了大家有更好的体验，我做个小调整。”顺着这句话，我就打开了电脑的声音，关闭了背景音乐，确保随PPT播放的是抢答竞赛的音乐。

气氛越来越好，每一道题刚放完，就立刻有人抢答，甚至题目还没播完，就有人击掌抢题。大家眼里充满了期待和兴奋，甚至开始互动：有的小组没有完全答对，就现场拍卖“援救分数”，请求支援；有的小组回答得与答案不完全一致，其他小组就会大喊要扣分，笑声此起彼伏——其实对错并不是最重要的，大家开始打破隔阂，愿意交流、互动，学员活跃起来，后面学习的效果就会更好，这一点十分重要。我感到整个场就像冰化成了流水，有语言的流动、竞争的流动、互助的流动、欢乐情绪的流动……有时连自己都控不住要笑场——我可是一向很严肃呢。在这个小小的学习热身环节，学员们已经开始展示自己，“学霸”哗哗地捞分，善于幽默地会抓住机会打趣，善于分享的学员答题时还不忘联系实践，现场超过了我的预想……唯一让我担心的是，时间会不会有点儿长？因为开营前面的环节占用的时间，比我们设计的长了10分钟。

为了保证老师上课的时间，只做完8道抢答题，我就停止活动了。总体看，效果还不错。可我也隐约看到了意犹未尽的眼神。

课间休息时，有学员主动跟我聊天，说课前活动设计得特别好，就是时间有点儿短，他们小组才刚刚动员起来；也有学员告诉我，与党建、业务关联的抢答题很好，让大家很快进入状态，后续的培训都可以采用。

这次破冰极大地提升了我做活动的信心和状态，打破了“中年严肃老师”不适合做团建破冰的认知障碍；更重要的是，这次活动为“4050管理层”破冰设计提供了重要经验。活动证明，关联知识、业务，形式活跃的“价值型”破冰很适合“4050管理层”。其实不论哪个年龄层、级别层的学员，参与、表达、竞争、展示，是所有人的共性需求。管理培训是我们大学的主体培训，占全年培训量的三分之二以上，我们完全可以设计更多贴合业务、适合“4050管理层”特点的破冰活动，为学员创造更好的学习体验。

班主任日记4：云破冰彰显别样风采

线上培训还需要破冰吗？

2020年的“黑天鹅”事件使线上培训成为业界主流，传统的线下培训模式面临巨大的变革和挑战，带着种种疑虑和困惑，祥龙企业培训中心在疫情中迎来了首次线上培训。

面对全新的模式，自然是问题叠加，首当其冲引起大家争议的就是“破冰活动还要继续开展吗？”我们参加的线上培训中几乎都没有破冰活动，对于是否有必要开展线上破冰活动产生了质疑。“线上培训对学员们的注意力和耐力是极大的考验，从培训效果来看，应该开展破冰活动，但破冰活动如何充分发挥作用是个大挑战！”主任拍板保留破冰曲目。

是啊，破冰不难，但是好的线上破冰可以最大化弥补线上学习的痛点难点，与线上学习相辅相成。线上学习分秒必争，每分钟都在消耗学员的耐心，破冰活动既要吸睛，又必须发挥价值，实属不易。我们陷入了思考。

“既然要弥补线上学习的弊端，那我们先调研分析一下学员们线上培训的问题吧？”“注意力不能长期集中，容易走神！”“互动感不强，不爱参与。”“网卡顿，画面有延迟……”我们结合着学员们的反馈，逐一分析线上学习要解决的问题，核心关键，就是如何促进学员们持续的“人在场”和“心在场”。

人在场？嗯，要有趣才有吸引力。这倒不难，我们设计了建立学习社群的方案，根据线下培训的经验设置了积分规则，筛选了“抽签”“打卡”“统计助手”等小程序确保学员们都进入培训现场，增加培训的仪式感。又选择了8道图片知识竞猜题作为互动游戏，调动学员们的参与度和积极性，并在后台实时统计着学员的参与程度。

持续的心在场？那是不是意味着我们的破冰活动也是一个持续的过程？贯穿培训全程持续发挥作用，将学员们不小心放飞的思绪从空中拉回？可以试试！我们开始将相关的知识竞猜环节设计在培训的各个分专题之间，问题都摘自老师上一专题所讲内容。更重要的是，竞猜环节的每个分专题题目分值等比提高，一站到底坚持专心听课到最后的学员，那简直要捡宝贝了。太有诱惑力了，连我们都对最后一次竞猜跃跃欲试，充满期待。

当我们兴致勃勃地向学员公司的人力资源经理介绍破冰活动时，却遇到了阻碍。“云破冰？线上学习就没必要做活动了吧，这些环节太浪费时间，大家可没这耐心”。我们反复沟通解释了云破冰的逻辑后，企业HR经理同意我们先尝试一次。

“今天我们非常荣幸地邀请到资深教授××老师来为大家讲授

今天的课程”在班主任即将引出讲师时，讲师家中的网突然卡了。我们马上启动预案，在互动区中抛出了备选题目，作为救场的预热，呵，学员们忙不迭地开始抢答。竟然还有意外收获，加场小活动成功激起了学员们的求知欲，也淡化了老师处理掉线的冷场和尴尬。

最后一题，还没抛出，手快的第一组学员就抢占先机，稳操胜券，引起其他组学员的“强烈不满”：“老师，他家网速快，这不能算，这题不加分”……

首次线上培训在我们的精心准备中圆满落幕，培训师赞不绝口：“你们的学员参与感真强，连魔鬼时间都在问问题，到现在竟然还有学员抢答”，学员们在群里纷纷要求“再来一场培训，我们肯定翻盘”，公司人力部门尤其竖起了大拇指：“还是你们专业啊！”

这次云端知识竞赛为线上培训画上了点睛之笔，在特殊时期的新模式下，更彰显了不可或缺的价值。

班主任日记 5：玩转“温故知新”

用十四种形式玩转“温故知新”活动，您能想象吗？

祥龙物业中层干部班一周一讲，持续举办14周，是祥龙企业培训中心有史以来举办时间最长的马拉松式培训班。学员们不仅要学习政治理论、产业政策，还要提升管理能力，强化专业技能，在高难度强度知识的压力下，如何尽可能地优化学员的学习体验，提高培训效果呢？我们给自己出了一道超难的附加题，大家一筹莫展。

经过多次头脑风暴，我们确定了运用“温故知新”知识竞答的方式，通过“加餐”，带领学员们预习复习。然而问题又来了，十四周都做一个活动，学员们会不会厌烦到吐？岂不是会弄巧成拙？“可以采用不同的形式来开展这个活动，大家每次都创新一种玩法。”主任做出了大胆的决定。

十四种不同形式的“温故知新”？这可是前无古人的艰巨任务，我们能完成吗？学员们会喜欢每种形式吗？……无数的疑问冒了出来，大家抱着试试看的态度，开始一起研讨，在智慧碰撞中激发每一个“创意点”。“第一次最好轻松点，我们就用击鼓传球的方式吧，配合音乐，点到哪位同学，就给哪位同学出题”“第二次我们用PPT出题，请大家抢答吧”“第三次各组长抽扑克牌，抽到第几题答第几题”“第四次我们在白板上贴便利贴，请学员们选便利贴的分数”“第五次请学员按照积分榜的分数倒序答题，给最后一组一个机会”。

大家绞尽脑汁，几乎把高中数学的“排列组合”都用上了，总算集齐了十四种答题方式，开始整合十四次活动，进一步优化讨论方案。“现在咱们只是优化了题目呈现方式，本质上都还是在竞答，能不能从其他方面再创新一下呢，例如，在出题方式上，能不能让各组学员出题呢”“对对对，我们可以在期中逆袭那一次，让各组学员自己出题目，这样公平些”“好，那第五次就多一个亮点，又优化了”。

“其他方面？题目形式也变化一下如何？咱们的课程不都是训战结合吗，破冰活动也可以啊，理论性不强的课程能不能设计成实战场景呢”“对对对，咱们设计问题场景，请学员们展示解决方案”“那就在人力资源管理那期和市场营销那期吧”结合着每次课程主题，我们又调整了活动顺序，丰富了活动呈现形式，几番迭代后，知识竞赛活动开始显得精彩纷呈。

活动方案雏形初现，我们迫不及待地向主任展示。“思路不错，但是深度还是不够，创新可以体现在细枝末节，但是不能浮于表面。”主任边思考着。“随着培训深入，我们的活动也应该逐渐深入，最后几次我们可不可以让学员们试着自己讲解答案呢”“有道理，最后几次或者难度不太大的课程，通过讲解练习，向学员传达‘学思讲'的学习理念，也有利于学员更好的知识转化”。我们对比着课程课件，根据课程主题调研学员接受的难易程度，完成又一轮的设计和迭代。

我们满心期待着每一期活动的完美呈现。然而，虽然活动准备充分，设计得丰富多彩，但由于每次都是新鲜的尝试，开展起来总会出现这样那样的小问题，例如，不像以往熟练应用的活动，能够做到万无一失。

我们切身感受到了创新的“风险”。

在最后一期培训时，我们带着歉意向学员们解释活动中的瑕疵，然而学员们丝毫没有意识到，竟然开心地给我们反馈，“老师，每次来的路上，我都好奇，这次老师又打算放啥大招了……我最期待早上的活动了”“老师，我们觉得活动设计得完美，有趣又有用就够了，你们要求太高了，PPT速度快点慢点那都不是事儿”……

闭营仪式上，祥龙企业培训中心“期期独具特色的课前活动”成为学员们公认的本期培训最大亮点，甚至有学员在闭营展示中模仿再现了两次课前活动情景，还说要应用到单位工会活动中。

嗯，创新活动瑕不掩瑜，学员们的反馈给予我们了莫大的激励与鼓舞。

新的一期中干培训又要开始了，这次用现成的吗？NO，创新、迭代、突破，我们持续在路上。

班主任日记 6：在情绪高位坚持到底

好的破冰是情绪的点燃。

在本书中，我们绞尽脑汁竭力思考每一个破冰活动的注意事项，希望活动的规则设计得毫无漏洞，但是，按章执行、细节完美的活动才算是成功吗？

分享一个我的故事，希望我们有不一样的思考。在一次新员工入职的开营仪式上，我带领学员做了“找朋友”这个活动。学员主要是“95后”“00后”，大家初出职校校门，在新员工入职培训中初相识，找朋友作为培训破冰活动显然再合适不过了。再加上规则简单、过程明了，真是个容易让人掉以轻心胜券在握无需多想的活动。周到起见，我提前和小伙伴在任务单上甚至标注了活动规则，学员对于活动更是一目了然。嗯，这样就万无一失了。

开营的早上，我热情洋溢地介绍了游戏规则，强调了本次活动胜者加分且奖励丰厚后，大家积极主动开始寻找朋友签名，活动貌似平稳进展。

大家找到朋友的签名，计时结束后，我期待的激动人心的检验签名朋友真实性的环节到了，好奇心驱使着我迫不及待想要揭开这些新生代们的性格谜底，学员中会有怎样的戏精们呢？他们会怎样展示自己的绝活呢？我兴致勃勃地，特意选择了容易检验且有趣的特征，点名邀请签名的学员接受检验，然而，连叫了两个学员的名字，竟都无人站出来回应，是没来吗？难道故意不站起来？真是急煞人也，我大跌眼镜，连叫几声，角落里一个学员站了起来，啊，救星终于现身了，意外的是他竟然又不按套路出牌："看您的签名，您是麦霸，是吗""是的""那您现场给我们来一段？大家说好不好""好哦""啊？今天不行，嗓子不舒服"……看出了学员的畏难情绪，我没大好意思再引导他继续表演，请他坐下。

上帝保佑，但愿这位只是个意外，第二位同学能积极点。我边斟酌边忐忑地选择了"喜欢健身的学员"，事先设好的问题是"一分钟能做多少个俯卧撑"，这个看似乐天派的男生淡淡地说"做不了几个，真的做不了几个""那就给我们来个动作，秀秀肌肉力量吧"一边说着，我都开始比划了。男生说"我没肌肉。"……

我彻底郁闷了，可能是初来乍到，略显生涩，但是这几个学员确实带给了我挫败感和失落感，直接打击了我的热情，声音都低了几分，收起了些许笑意，心底的失望无遗。我一边思考原因，一边继续游戏。

似乎受前几位学员表现和老师情绪的影响，其他学员们眨巴眨巴眼睛，看看那位学员，看看老师，又互相看看，都低下头，更不积极表现自我了，后面的游戏只能由我唱着独角戏，貌似激情地勉强向前推进……

当我准备草草结束活动时，最后一位学员却认真地分享了他旅行的经历，声情并茂，我又兴奋了起来，学员也开始议论纷纷，大家情绪都高涨起来，氛围终于开始变热烈，瞬间就“破了冰”，课堂达到了燃点。甚至比平常单纯的欢乐还多了几分认真。瞬间我长吁口气，一颗心又安定下来，整个人都轻松了不少。

我感激地看着最后这名学员，笑了，他再次点燃了我的热情。我感慨颇多，短短十几分钟，我和学员们的情绪起起落落，如过山车般。

活动过程艰难，学员们最后却分外热情。我回忆着自己情绪的被动流动和起伏，些许自责，些许庆幸，些许……思绪万千。

在培训交流的过程中，学员和老师共处一个情绪场域中，相互影响是本能，但是，作为整个场域的把控者，老师应炼就的是一颗始终热烈的处于情绪高位的心，泰山崩于前而岿然不动，无论面对怎样的学员，出现怎样的尴尬情况，都坚持告诉自己“你热情所以我热情”，不被影响就能影响别人，持续点燃自己才能最终点燃学员，take easy and carry on，站在情绪高位，坚持住，就有转机。

班主任日记 7：团建活动中的“神之细节”

“心有灵犀”是一个无需借助任何道具且相对容易操作的室内团建小游戏，它是培训班主任活跃气氛、增强团队成员默契度的必备选择。这个活动我组织过十余次，然而其中的一次经历却让我印象深刻。

那是一个下午培训前的热身环节。因为有之前多次的成功经验，我自认为已经深谙其道，所以在培训前没有再次回顾活动细节。按照流程，我先组织学员现场分组并选出监督员，以往这个环节通常需要三分钟左右的时间，而那天不到两分钟就完成了，这让我更大意了。然而接下来发生的一幕却让我哭笑不得。在介绍第三轮规则时我忘记强调非常关键的一个活动规则：即在默念数字时，身体任何部位都不能发出声音！结果多个小组钻了规则的空子。有的组用手拍打桌面，有的组用脚跺击地面，顿时教室里一片混乱，充斥着各种声音，我这才意识到自己竟少说了那条最核心的规则。而这一失误也导致游戏难度大幅降低，让整个过程变得毫无趣味性和挑战性。在做活动小结时，学员脸上透露出茫然、冷漠和疑惑，甚至还有人窃窃私语似乎在抱怨活动没有意义，浪费时间。这让我更尴尬了，只能草草收场。

这次的事件也给我敲响了警钟，团建活动的每一个流程和细节设计都有其目的，越是简单和熟悉的活动，越不能轻视，忽略任何一个细节都会给活动带来风险。认真做好每一个细节，才能确保团建活动达到预期。正所谓“细节决定活动成败！”

班主任日记 8：寻找那支“大蜡烛”

为期两天的青年员工培训正在进行中，开场只一小会儿，课堂气氛就活跃起来。老师讲得十分精彩，学员们也积极参与互动，我们放下了悬着的心，安静地坐到后场去整理学习资料。过了一会儿，我忽然听见老师说：“这个组都是共产党员吗？还真撬不开你们的嘴呀！”课堂一阵爆笑——原来，有一个组一直“默默的”，老师反复调动他们发言，可这个组竟然没有学员响应。

“老师，我们来！”其他几个小组的学员早已按捺不住，争先恐后地举手抢答。结果，这次分享还是由其他小组完成的，该小组依然没有突破“零分”。

到底是哪儿出了问题呢？这个小组为什么如此“沉默”呢？根据过去的亲身经历，我觉得很可能是选组长的环节出了问题。记得有一次参加培训，我所在的小组选出了一位“稳重内敛”的组长，这位组长不仅自己“惜言如金”，也不积极组织大家讨论发言，结果半天下来，我们组的积分在全班排在了倒数第一，远远落后于其他小组。

看着眼前的场景，想到自己的经历，我觉得应该尽快做出调整。第一次课间休息时，我们来到这个小组，告诉他们组长角色可以“禅让”。果然，这个组的组长是被大家凭第一印象强行“推举”出来的，他十分不情愿当组长。于是，他很快就将组长的角色“禅让”给了其他组员。当下一节课开始后，这个组的情况逐步好转，终于有学员举手回答老师的提问了。“我说这个组都是共产党员吧，发言这么有含金量，来，双倍加分！”老师惊诧于他们的变化，给了一个大大的点赞。

俗话说：“火车跑得快，全靠车头带！”选“组长”在培训项目中确实是特别重要的环节。后来，为了让学员更加重视这个环节，我们改进了“组长”的称谓，称其为“大蜡烛”。

所谓“大蜡烛”，就是能发光发热、点亮他人的角色。“大蜡烛”需要付出热情，组织好本组的学习研讨，鼓励组员分享发言，带动全组参加学习竞赛。“大蜡烛”不仅需要具备踊跃的特质，还需要有较高情商，这样才能充分调动他人。而更理想的“大蜡烛”，除了具备上述两个特质之外，最好还能拥有清晰的思考力，这样在组织研讨和发言时就能帮助全组做到有条不紊、把握重点。出色的“大蜡烛”往往会给全组甚至全班带来不一样的学习体验，营造出不一样的课堂。

那么，怎么才能找到理想的“大蜡烛”呢？我们通过复盘研讨，最终总结出了一套方法：一是可以用“任务”找。如果开场时间充裕，不妨给每个学员布置一个增进彼此了解的任务。经过初步交流，学员将更容易识别出“对的大蜡烛”。二是在组织推选之前，一定要把大蜡烛的角色和责任交代清楚，避免出现“误选”。三是千万不要忽视一个小细节，就是优先让学员“自荐”。一般来说，“自告奋勇”的“大蜡烛”干得都不错。四是，如果某个被“举荐”的大蜡烛表现得勉为其难，要给他一个特权，就是允许他“履职”一段时间后可以“禅让”“大蜡烛”的角色。如果这几步做到位，通常最终都会找到理想的“大蜡烛”。

星星之火，可以燎原——作为培训人，您是否也经常在思考：怎样“找出那些可以点燃大家的大蜡烛”呢？您是否还有更多的心得与经验？期待相遇，聆听您的分享。

班主任日记 9：此时无声胜有声

“6月11日，祥龙公交公司计划安排半天的户外拓展，你和纪老师负责吧？”听到部门主任这样说，我心里有些犯怵。“六月中旬的北京，三十多度的高温，还在户外……”领导好像看出我的担心，安慰我道：“别担心，这次只有8个人，都是大学毕业生。”听到这个消息我稍微松了口气。不料主任接着说：“这几天我要出差，培训当天不能到场，所以活动点评需要你来做，务必好好准备。”

接到任务后我备感压力。之前的活动点评都是主任负责，这次我能做好吗？怎样才算好好准备呢？趁着出任出差前，我详细向她请教了点评的要点和技巧，为防止当天紧张忘词，我特意准备了一份“标准答案”反复记忆。

这次安排了“荆棘取水”和“穿越电网”两个挑战性较大的项目。

培训原定于上午九点正式启动，但两人因交通问题迟到二十分钟，最让人郁闷的是本来就只有两名男生，结果有一个还临时请假了，团队仅剩下一个“力气担当”了。可能是因为天气太热又加上延时开始，学员们看上去兴致不高。“看来我必须火力全开，一上来就Hold住全场，不然接下来的活动效果不容乐观啊”，我心里给自己加油打气。破冰环节七个人虽努力融合但因初次见面还是略显拘谨。但接下来的“荆棘取水”却激发了青年们的斗志，也让他们看起来更像一个团队了。

因为场地原因该活动只能在毫无遮挡的烈日下进行，长达四十分钟的挑战对精力和体力都是极大的考验。七个人尝试了好几种方法，人人汗流浃背，脸晒得通红，但都以失败告终，眼看“禁区”里的水洒了干，干了洒，时间过了大半。“你看大家都有点坚持不住了，要不咱俩体力上支援一下吧，这么热别再中暑了。”我和纪老师也加入他们。这时侯担任队长同时也是团队里唯一的男生挺身而出：“我腰有劲儿，我来取水，这次把绳子弄成双肩背带绑在肩膀上试试，其他人从不同方向拉住绳子，让力分散些”。试了两次都只差一点点，但是大家都觉得这个方法可行。队长说道：“现在力量不平均，要不然力气小的人两人拉一根绳子，咱们试试？”果不其然，终于成功了！所有人欢呼雀跃，互相击掌拥抱，似乎忘了身处炙热的骄阳中。突然一个人担心地对队长说：“哎呀！你的脖子被勒出一道血印，皮都磨破了”。“没关系，不经历风雨怎能见彩虹。”队长开玩笑似的转移了话题。

这个活动临近结束已是上午十一点，我以为大家一定很累了，希望快点结束别耽误吃午饭，于是我决定加快点语速背诵我准备好的“标准答案”。我越说越有感觉，甚至还有些得意，心想主任不在我说的也不赖嘛。就在我刚结束点评准备继续下一个活动时，一个女生小声说道：“老师，我可以谈谈我的体会吗？”我先是一怔，然后赶忙回答：“当然可以。”“我觉得一开始我们动力不足，谁都不想被捆着取水，所以采用的办法基本是糊弄。”她的发言引得其他学员频频点头。接着另一个学员补充道：“即使我们知道目标是取到水，但因为相互之间不熟悉，也不好意思指挥别人，不知道谁适合干什么……”大家瞬间就像多米诺骨牌，一个推动着另一个，一个引导着另一个，思维相互碰撞，火花相互激荡。

第二个活动“穿越雷区”结束时已是中午十二点十分，由于上一个活动点评环节给了我强烈的触动，因此这个活动我决定改变“一言堂”模式。先让学员们围坐一圈，个人独立思考两分钟，然后每人分享一分钟，最后我再做补充。小圈子里时不时传出爽朗的笑声，大家开诚布公地自我剖析，讨论着怎样把游戏中领悟出的道理迁移到未来的工作中。真没想到一个小游戏能引发大家这么多思考，看着如此这番景象，感觉他们已是相识已久的老朋友。我不禁感叹，这不正是团建的目的和意义吗？

这是我第一次在团建活动中独立做点评，这次经历带给我很多感动，学员的发言也引发我很多思考。我以为我精心准备的“标准答案”能够引起大家的共鸣，殊不知效果远不及学员之间分享的只言片语；我以为大家分享的内容不会超出我预设的范围，殊不知每个人都有独特的观察视角和不可复制的奇思妙想。最好的点评不是老师一个人的独角戏，而是师生共舞的交响乐教学。高明的老师就是指挥，有时无声胜有声！

班主任日记 10：珠联璧合，精彩启动精彩

培训前为什么要做破冰活动呢？有人会说，破冰可以活跃学习气氛；也有人认为，课前活动可以帮助学员打起精神。破冰活动实施的效果，到底对课程有怎样的影响呢？

我对破冰活动的认识，还得从两件事说起。那是2018年底的一次摄影培训。课前，我们联络老师做准备工作，特意询问老师：“老师，您看是否需要我们准备破冰活动？我们会根据您的课程内容做设计，对您的课程做铺垫，调动学员的……”

“不用了，我自己做，你们准备教学场地和教具就行。”——我们经常会遇到“有备而来”的老师，他们一般都很有经验，因为全天学习任何一个环节出问题，都会影响学员的体验，所以他们更倾向自己做活动，控制好每一个环节。遇到这种情况，我们都尊重老师的选择。一方面，因为培训讲师一般破冰都做得很好；另一方面，这还能极大减轻我们自己团建的压力。

“好的，预祝您授课顺利，期待您的精彩呈现！”放下电话，我长长地松了一口气。

可是，培训当天出意外了。这位老师有可能组织破冰活动的

经验不足，也有可能是想测试一个新活动，这次破冰做得非常混乱，过程拖沓而冗长，以至于有学员悄悄责问我：“什么时候才开始上课？”一位其他校区旁听的老师等待了一会儿，或许是怀疑老师的授课能力，合上本子就走了。

我急得直冒冷汗，暗示老师赶紧结束活动。好在她之后的课程内容特别精彩实用，全程吸引了学员，终于在一天的培训后赢得了学员热烈的掌声。如果不是破冰的环节出现“车祸现场”，那天的培训很可能成为当年反响最好的项目之一。

看来培训师破冰也有不靠谱的，还是我们自己做破冰可控！

2020年12月，我们为一商兰枫叶公司做中层管理者培训。这次邀请的老师深受学员欢迎，他2020年为客户定制的课程三大测评关键指标获得了100%的满意度。这位老师特别追求完美，对每一个环节的要求既精细又严苛，甚至连课间音乐都是自己精心剪辑的。这次赶上他上课前一晚飞机延误，为了让他多睡会，我们就主动承担了破冰。本次培训开营仪式后，我们根据他2020年讲的《有效沟通》，精心设计了一个有趣的破冰活动，在活动中插入了2020年课程知识点关键词，唤起了学员美好的学习体验；又在串词中插入了“要想做好管理，还得听何老师的MTP综合管理能力提升课”这样的台词，激发学员的期望——提前到场的授课老师全程观摩了我们的活动，对我们投过来感谢的目光，微笑着开始授课。

中午上课前，我正想询问老师课前活动的安排，结果他径直走过来说："一会儿您再带大家做个活动吧，你们设计得非常好啊！"能得到这位牛师的认可，我们心里满满的自豪感。

"老师，您下周的课程，需要我们为您准备破冰活动吗？"——新项目又来了。

"谢谢，请你们协助设计一个吧！辛苦啦!"话筒那边越来越多地传来信任的声音。

一次又一次，我们与老师珠联璧合，用破冰启动精彩，用精彩创造更完美的学习体验。

班主任日记11：一次南辕北辙的工作经历

2019年我告别军营，加入了祥龙企业培训中心，开启人生新征程。在新的工作岗位上，我的主要任务是拍摄采集照片，不过摄影对我来说是小菜一碟，大学期间我在中央电视台实习时制作过的电视节目，曾经创下过季度收视率第一，当时得到栏目组的一致认可。在工作面试时，我展示的照片也得到了新工作单位领导和校领导的赞许，所以我觉得胜任工作游刃有余，信心满满。

上班第一周，我接到了第一个任务，领导让我负责第二天《祥龙物流公司中层干部培训班》的照片采集，用于培训报道的撰写。我当时心里想："培训摄影还能比中央电视台要求高吗？我肯定没问题。"虽然这么想，但毕竟是第一个任务，为了出色地完成任务，给领导和同事留一个好印象，所以我在拍摄的前一天，认真地考察了培训会场、参会人数、议程安排等拍摄流程，做到心中有数，以免造成拍摄失误。

2019年5月17日培训当天，我用了40多分钟的时间才拍摄到我想要的场景。这一天，是我参加工作以来心情最为复杂的一天，出师不利，没想到第一次培训拍摄和我的想象截然不同。

早上8：30培训正式开始，我自信满满，准备开始一天的拍摄；礼堂很大，可以容纳将近200人，但这次的学员只有80人，所以学员们都坐在礼堂前半部分，为了不影响老师上课，我们负责摄影的工作人员一般坐在最后排位置，拍照时需要随时移动，找到适当的位置去抓拍。

培训是随着内容和师生互动流动的，培训场景不可复制，就类似现场直播，在整个拍摄过程中，错过某个精彩瞬间，就不可能再有机会补上。我绷紧了每一根神经，随时准备进入战斗！

提问环节，老师设置了加分奖励，首先发言的小组会获得20分加分。学员们非常积极，争先举手。我抓紧机会，快步向前，想抓拍一个学员回答问题，刚准备按下快门，突然听到老师说："请坐，说得非常好"。"哎呀，慢了半拍，真糟糕，学员坐下了，没拍到"，我遗憾地向后排走去，刚准备落座，又有一位学员站起来发言，"这次动作要快"，我一溜小跑到前排，可这次更窘迫，还没来得及拿起相机，学员已经坐下。"哎，怎么动作这么快啊，我还没反应过来呢，就结束了"。没等我喘息，老师紧接着说："哪个小组还有补充"；站在礼堂中间的我，很是期待，事与愿违，并没有人站起来；我看到，后排有位学员想发言，我快步向后排走去，但是声音却从前排传来，"老师我还有补充……"我转身向前一看，只见前排一位学员，已经开始发言。"嘿！你说这不是和我开玩笑吗？"我心里默念，"是在逗我玩吗？我去前边拍照你不说，我到后排了，你抢着说，我看就是故意的。”

嘿，我就不信了，我暗下决心，这个场景很重要，我必须要拍到”。我决定去前排蹲点，在及时和班主任老师沟通后，我向前排最左侧走去，在不影响老师教学的情况下，开始等待，感觉就像上学时的“罚站”一站就是半个多小时，度日如年，功夫不负有心人，40多分钟后，我终于拍到了好几张学员发言的场景，为这场“罚站”画上了句号。摄影就是这样，在记录随时发生的美好瞬间时，必须时刻准备着，一刻也不能放松。

在辛苦拍摄了一天之后，我兴奋地回到办公室，等待领导检验。虽然拍摄过程几经坎坷，但我自信照片构图，照片参数，都符合好照片基本要素，我准备给主任好好炫炫；刚巧曾老师走过来期待地说：“宋文，让我看看你拍摄的照片吧。”持续有两分钟，曾老师一直在看没说一句话，她并没像我期望的那样流露出惊喜，我感觉有点不妙，“宋文，你拍的照片很美，这些照片给学员自己收藏是很好的，他们一定会很开心；但如果用在我们的新闻简讯里，这些照片体现不出我们的培训场景和传递的价值，就不太合适”。听完曾老师点评，我的心情瞬间跌入谷底，原以为拍照这件对自己非常简单的事情，竟然都没做好，挫败感寒彻心底。

或许是曾老师看出了我的失落，她微笑着拍着我的肩膀，对我说：“别着急，咱们来看看培训需要什么样的照片？”她找到之前的一张照片说：“宋文，你看这张照片，有场景，有人物，你猜猜他们在干什么？”“在讨论吧”我迟疑地回答。“是啊！”曾老师说：“一看就知道是在讨论，能让外人感受到培训的热烈气氛，这样的照片对于我们才有价值”。随后，主任耐心对我进行了指导，告诉我什么样的照片才适合我们，并对我拍摄的照片，逐张给予了点评指导。我终于明白了培训简讯到底需要什么样的照片。

这次南辕北辙的经历让我明白了，在工作前，首先要明确工作的目的和意义？明确工作的标准是什么？确认这次工作的需求。另外，完成任务前要及时地向同事了解工作任务中可能存在的各类突发情况，向有经验的同事请教，这样才能避免偏离目标，南辕北辙，出色地完成任务，得到期望的结果和大家的认同。

参考文献

[1] 琚喜臣. 小故事 大智慧 [M]. 北京：中国财政经济出版社，2020.

[2] 屈云波. 赢在培训——提升培训活力的150个游戏 [M]. 北京：企业管理出版社，2011.

[3] 罗伊·波洛克，安德鲁·杰斐逊，卡尔霍恩·威克. 将培训转化为商业结果——学习发展项目的6DS法则. 中国工信出版社、电子工业出版社，2019.

后 记

在看到样书的一刹那，我的心中百感交集……

本书起笔于2020年3月，在疫情肆虐的困难时期，面对每天不断变化的疫情进展与纷繁复杂的信息，为了让处于紧张、恐慌充斥着的团队成员理性思考、主动作为，我突发奇想：为什么不利用疫情带来的难得的休整，完成我们一直想做又没有时间做的事情——写一本书，在2020年为团队的成长留下一个印记呢。

在我的倡议下，当时还在家上班的团队成员积极响应。大家一起线上交流研讨、相互激发，线下提炼总结、撰写文稿，慢慢地，一篇篇还不甚完美的初稿诞生了。每周五例会，我们会一起分享自己的作品，切磋如何完善与修改。在每个人分享的过程中，大家又一起重温了这几年共同奋斗的日子。虽然当时因为疫情培训订单全部取消，大家无法到校上班，也见不到面，心情都很压抑。但因为写书这件事，又让大家凝聚到一起。每次在线上分享团建故事时，隔着手机屏幕，我们都能感受到彼此的温暖，分享的过程也是一个团建及情感交流的过程。

学校线上工作的那几个月，我们团队经验萃取，共创打磨完成书稿的雏形。之后疫情平稳，我们又投入紧张忙碌的培训工作中。伴随着疫情的反反复复，我们写写停停。一方面抓紧培训，另一方面抓紧写稿，就这样持续了一年多……

本书能够顺利出版，首先要感谢北京市商业学校、北京祥龙党（干）校的校领导给予的大力支持、指导与帮助。其次要感谢我的团队，他们在2020年疫情最严重的时候经验萃取出每一个流程和故事，并陪伴我一起将企业大学的团建做出特色和品牌，将企业大学的培训做得精彩纷呈，好评如潮。

最后，感谢在本书撰写过程中给予我帮助的所有人，感谢中国财政经济出版社的段钢主任给予的指导与支持，感谢田蕾老师的鼎力相助，感谢企业领导和学员对我们团队的认可、支持与厚爱。

由于工作繁忙、时间仓促，本书在编撰中的疏漏之处在所难免，恳请读者批评指正。

曾向英

2021年9月10日于北京